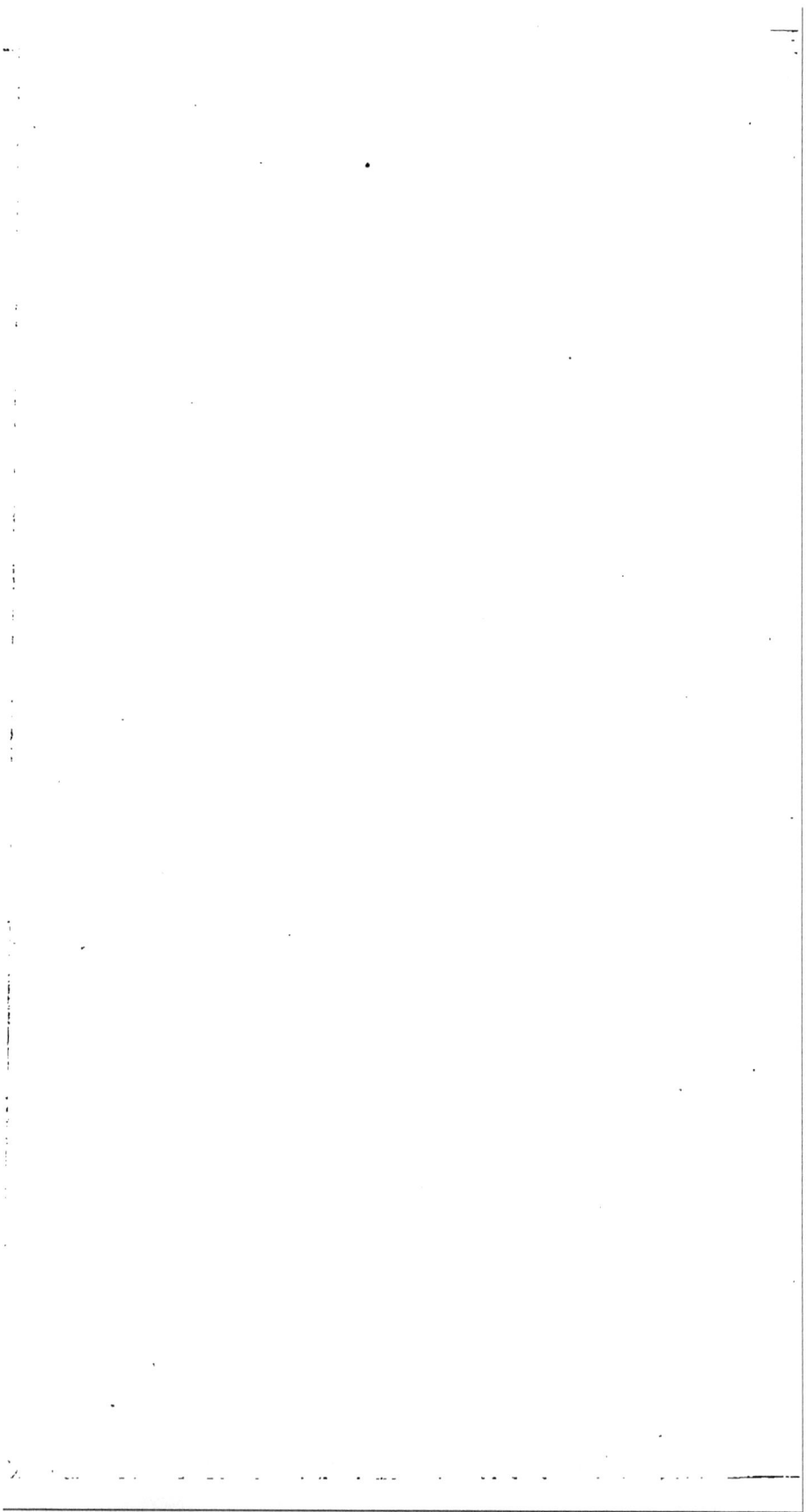

32ᵉ RÉGIMENT DE MOBILE

HISTOIRE

DU

BATAILLON DE RIOM

CAMPAGNES DE LA LOIRE ET DE L'EST 1870-71.

LE CAPITAINE

J.-M. BIÉLAWSKI

Chevalier de la Légion d'honneur.

CLERMONT-FERRAND

BAROT-DUCHIER, ÉDITEUR

Rue Saint-Esprit, 26.

DÉDIÉ

à

M. LE VICOMTE HYPPOLITE DE MOLEN

COMMANDANT DU BATAILLON DE RIOM

ET LIEUTENANT - COLONEL DU 32ᵉ RÉGIMENT DE MOBILE

EN TÉMOIGNAGE DE RECONNAISSANCE ET D'AFFECTION.

le capitaine,

J.-M. BIÉLAWSKI,

Chevalier de la Légion d'honneur.

CHAPITRE PREMIER.

———

LA FRANCE ET LA PRESSE. — LEUR SITUATION POLITIQUE
AVANT 1870.

———

Les traités de 1815 ont enfermé la France dans un étau de fer dont elle n'a pu se dégager. Les nations, sur lesquelles Bonaparte pesa trop durement, la foulèrent aux pieds sans comprendre la solidarité qui unit les peuples, sans voir que la France avait souffert plus que les autres. Le despotisme guerrier d'un homme a compromis, pour un temps, la cause du droit et de la liberté.

Les souverains, jaloux de leurs couronnes, se retrempent alors dans une nouvelle Sainte-Alliance. Ils raffermissent leur pouvoir aux dépens des vaincus, glorifient le crime heureux en consacrant le partage de la Pologne, et mutilent la France sur ses frontières de l'est et du nord-est, de façon à avoir des portes toujours ouvertes chez elle. L'épée du conquérant est à jamais brisée ; mais l'ombre de l'aigle abattu les épouvante encore : les vainqueurs sont d'autant plus implacables qu'ils tremblèrent davantage. En haine des principes de 1789, bien plus que de celui qui humilia leurs fronts, ils s'acharnent contre la France deux fois victime, déchirent ses flancs, lui ouvrent au sein des plaies saignantes qui la laissent palpitante et vulnérable.

La Prusse, si cruellement éprouvée par les armes impériales, la Prusse, qui ne peut oublier, reçoit les provinces rhénanes et la Westphalie. Sentinelle vigilante, si bien choisie par la coalition victorieuse pour observer de près la France et lui servir de geôlier, la Prusse transforme en camp retranché ces provinces du Rhin que la politique des Richelieu, des Mazarin, des Colbert, des de Choiseul avait jusques-là soigneusement maintenues dans l'alliance française. La ville de Luxembourg devient elle-même forteresse fédérale avec une garnison prussienne.

Réunir les nouvelles possessions au corps principal de la monarchie, en absorbant une série de petits territoires enchevêtrés les uns dans les autres et composant la lourde confédération germanique, tel est désormais l'objectif de la Prusse. Terrible menace pour la France amoindrie, fatiguée de vaincre, absorbée par les soins de sa politique intérieure et, dès lors, placée dans une condition fatale d'infériorité.

L'engouement du XIXᵉ siècle pour un principe nouveau en politique, celui de l'unitarisme, aggrave encore cette situation. Les doctrines unitaires, propagées par des hommes, sans doute généreux, mais dupes de leurs propres illusions, servent à cacher les prétentions brutales de la force. Sous le masque de la communion fraternelle et du patriotisme national, elles deviennent pour le comte de Bismarck le prétexte et l'excuse de la plus odieuse tyrannie exercée sur le faible. Les apôtres du pangermanisme sillonnent l'Allemagne et proclament la Prusse le champion des vieilles libertés germaniques que personne ne menace, si ce n'est la Prusse même. Tous prêchent l'union en vue d'une croisade mystérieuse. Contre qui? Et les regards se dirigent d'instinct vers la France. Distraite par un mensonge, la panique de l'invasion, l'Allemagne détourne la tête. Le Machiavel prussien la surprend, l'enlace et l'immole à cette cruelle utopie de l'unité Allemande.

Monarchie militaire, dont toutes les facultés sont dirigées vers la conquête, la Prusse s'annexe violemment le Hanovre, le duché de Nassau, l'électorat de Hesse-Cassel, la cité franche de Francfort. Un vaste réseau de chemins de fer, de voies stratégiques et commerciales relie bientôt les provinces du Rhin à celles de la Baltique. Le Holstein et le Schleswig, arrachés au Danemarck, lui donnent les meilleurs marins de la mer du nord (G. A. Heinrich). Cernées de toutes parts, les villes libres de Brême, Hambourg, Lubeck sont à sa discrétion. Ecrasée enfin à Sadowa (3 juillet 1866), l'Autriche est expulsée de la confédération et perd toute influence dans les affaires allemandes.

Prépondérante sans contre-poids, maîtresse absolue depuis les rivages de la Vistule jusqu'aux lignes de la Sarre, suprême arbitre des destinées germaniques, la Prusse impose à l'Autriche la paix de Prague, sans perdre de vue le midi de l'Allemagne. Elle signe les traités secrets qui unissent, en cas de guerre, à la Confédération du Nord, la Bavière, le Wurtemberg, le grand-duché de Bade. Toute l'Allemagne obéit à une même loi.

La France, si gravement intéressée, aurait dû intervenir ; mais l'habile ministre de Guillaume éblouit Napoléon III, en faisant luire à ses yeux les mirages du Rhin. On lui donnera le Palatinat et Mayence, plus encore s'il est besoin. Et la politique impériale, anti-française sous tant de rapports, favorise la Prusse avec une imprévoyance aveugle. Effrayé ensuite des accroissements prodigieux d'une puissance qui achève de rompre brusquement l'équilibre européen, Louis-Napoléon réclame les compensations promises ; mais il essaye vainement d'obtenir même le Luxembourg. La Patrie allemande se dresse soudain, armée de toutes pièces et formidable dans son unité, œuvre de la complaisance impériale et de la puissante centralisation de Bismarck. Que faire maintenant ?

La France, absorbée alors par les immenses travaux de son exposition universelle, se préoccupe peu de ce qui se passe au dehors; elle s'oublie elle-même dans les soins de l'hospitalité fastueuse qu'elle offre au monde entier. L'Europe s'installe dans les palais enchantés de la Babylone moderne ; elle contemple avec envie ces fêtes, ces splendeurs, cet étalage éblouissant de richesses. Les vieilles inimitiés de race se réveillent avec énergie dans le cœur de l'étranger. Bismarck est là. Inspirée par lui, l'Allemagne circule sans bruit, s'asseoit, rêveuse, au foyer de la France pour observer, espionner, chercher de quelle manière elle pourra la dépouiller. Oui, le fer est sur l'enclume. Et en décembre 1867, la Prusse publie un manuel militaire de la topographie des abords de Paris, avec indication des moyens les plus sûrs pour envahir et conquérir.

Lasse encore des énervements de la grande réception qu'elle a donnée à l'univers, la France retombe sur elle-même. Riche et prospère, elle aspire au repos; mais elle sent le besoin d'appuyer sa fortune sur une base solide, celle des libertés intérieures. Malheu-

reusement, les Français sont excessifs en tout.
Le bon sens et la mesure manquent trop à
un peuple léger, dont l'imagination s'en-
flamme aisément et se livre sans frein à l'esprit de parti.

La France, avec ses 8 millions d'ouvriers,
ses 26 millions de cultivateurs dont 22 millions sont propriétaires, la France est dans
une voie de prospérité sociale, favorable aux
idées de paix. Les progrès de l'industrie, la
construction de nombreux chemins de fer, les
facilités commerciales centuplées par l'ouverture de routes de toutes sortes, procurent
au propriétaire-cultivateur un bien-être inconnu de lui, et accroissent prodigieusement
la fortune publique. Mais une période de
l'existence des peuples se personnifie toujours dans un homme. Napoléon III arrive
au pouvoir au moment où cette révolution économique s'opère dans le monde.
Son avénement la facilite d'ailleurs, en
ramenant la sécurité et la confiance qui ouvrent seules le crédit. Le peuple des campagnes, reconnaissant, lui en attribue tout
le mérite ; il abandonne volontiers le gouver-
nail et s'inquiète peu de la liberté politique,

qui est néanmoins la vraie garantie de la liberté territoriale. Les villes, plus éclairées, sont moins accommodantes; mais leurs voix se perdent dans le silence général.

Avec un tact qui dénote une parfaite connaissance du caractère gaulois, l'empire se fait l'entrepreneur des plaisirs de la France. Il amuse le pays pour l'étourdir, encourage le luxe qui rend nécessiteux et vénal. Les guerres heureuses de Crimée et d'Italie donnent certaines satisfactions à l'amour-propre national. La France charmée respire délicieusement la fumée de quelques grains d'encens, tandis que l'absolutisme napoléonien essaye de la séduire tout à fait, en se dissimulant sous des formes constitutionnelles et parlementaires. L'armée surtout est l'objet des soins particuliers de l'empereur, qui cherche à se l'attacher personnellement et la gâte de mille manières. Mais le régime de la faveur et des complaisances énerve un gouvernement et le fait tomber dans le mépris.

Le Richelieu allemand vient d'infliger un échec complet à la diplomatie française (1866-67), et le gouvernement impérial décide la guerre contre la Prusse. Obligé d'ajourner sa vengeance, il néglige néanmoins de prendre les mesures nécessaires pour s'y préparer. En face de l'armement en masse de l'Allemagne, plus soucieux de sa popularité dans les campagnes que des vrais intérêts du pays, il n'ose organiser la garde mobile, si instamment réclamée par le maréchal Niel. Il sent trembler le sol sous ses pieds.

Changeants par caractère, les Français ne savent jamais se tenir dans un juste milieu. Après avoir acclamé l'empire et reçu Napoléon III comme un libérateur, ils se fatiguent de lui, en raison de ses complaisances et de ses facilités croissantes. Le clergé, qui se dit le fervent soutien du principe d'autorité, le rend responsable des diminutions faites sans lui aux possessions temporelles du pape. Au nom d'un Dieu de paix et de pardon, le clergé oublieux sape l'autorité impériale, lui fait une guerre sourde, acharnée, sans trêve ni merci ; il ne voit pas qu'il détruit ainsi les dernières bases de sa propre influence et sacrifie la religion au culte. Au lieu de se tenir en dehors de toute politique et de dominer les événements, le clergé s'abandonne avec passion aux vicissitudes des destinées humaines.

1.

Les partis se réveillent à la même heure, pour exploiter la situation au profit de leurs ambitions personnelles et sans soucis de la chose publique (*res publica*).

L'opposition à la Chambre, dans son patriotisme urbain, ne calcule plus la portée de ses attaques et dépasse le but. C'est l'avocat qui plaide pour gagner un procès. Si l'opposition demande avec justice un contrôle des affaires publiques, les comptes de la gestion impériale et la réforme des abus, elle réclame sans prudence le désarmement complet. Les grandes armées sont assurément le fléau des temps modernes; mais elles sont nécessaires en face des autres nations en armes, en présence du grand mouvement unitaire de l'Europe, mouvement dirigé contre la France. L'opposition peut à bon droit s'attribuer une large part dans nos désastres.

Elu du pays, représentant du principe d'autorité, et méritant à ces t'tres plus de respects et de ménagements de la part de ses adversaires, l'Empereur n'en est pas moins la cause première des malheurs actuels. Coupable à bien des égards, il diminue l'armée active sans abaisser sensiblement le

budget de la guerre et sans créer une armée
nationale ; il désorganise à plaisir et détourne
les fonds de leur destination pour subvenir à
ses besoins de représentation et de popularité, pour satisfaire enfin les exigences de son
entourage. L'opposition a beau jeu contre
lui. Les attaques parfois fondées, mais toujours trop systématiques de la gauche, le
placent dans une position difficile. Il sait
que le scandale des fraudes va finir par éclater, et il compte dès lors sur une expédition
heureuse pour supprimer le régime parlementaire ou attribuer à la guerre le déficit en
hommes, en matériel, en argent (Michelet). Il
lui faut les faveurs de la chance pour reconqué-
rir son prestige, et le voilà fatalement lancé
dans les aventures.

Les habitants des campagnes, plus inertes
ou mieux avisés, subissent très-peu l'entraîne-
ment des villes et du clergé. Ils se rallient
encore à l'Empereur et font sa force, mais
une force passive. Le plébiscite montre, en
effet, les sympathies de la population agricole
pour le gouvernement ; mais il dévoile aussi
qu'une minorité imposante lui est hostile, minorité redoutable par son activité, ses lumiè-

res, ses griefs. L'Empereur est comme un ennemi dans sa capitale, où il devient un objet de réprobation. Inquiété par le mouvement libéral qui gagne la France, il fait appel au suffrage universel; il évoque habilement le spectre rouge et détermine à son profit une panique sociale. Voté en vue de la paix, le plébiscite devient entre ses mains un prétexte de guerre (Michelet), tandis qu'il dévoile à la Prusse notre faiblesse militaire. Le gouvernement impérial, réduit à vivre d'expédients, calcule sur la chance et le bonheur; la Prusse, au contraire, ne compte que sur la raison du plus fort, la science, le nombre de ses soldats et de ses canons.

CHAPITRE II.

───

────

La France et la Prusse ont entrepris et fait la guerre de 1870-71 dans des conditions tout différentes. Les résultats ne sont que trop concluants à cet égard.

Au commencement des hostilités, la France, libérale et pacifique, n'a point d'armée nationale. L'Empereur a, il est vrai, une armée suffisante pour les besoins de sa politique intérieure, mais numériquement faible et hors d'état de soutenir une grande guerre extérieure. Brave par ambition, non par amour du pays et haine de l'étranger, cette garde prétorienne considère peu la patrie. Elle ne voit pas dans la guerre l'accomplissement du premier devoir de tout citoyen, mais bien un métier, une occasion d'avancer, d'obtenir des récompenses. Le commandement supérieur manque de prestige et surtout d'unité. Envieux les uns des autres, les maréchaux sont ceux de l'Empire et non de la France; ils veulent plaire au maître, se disputent ses faveurs, rien de plus. Une personnalité excessive les isole, les divise et présage leurs désastres.

Les Etats-majors, composés d'hommes intelligents et instruits, ne progressent pas et sont au-dessous des exigences nouvelles; ils éteignent leurs capacités dans les doux loisirs des garnisons. Les officiers, valeureux en général, d'humeur chevaleresque, négligent le travail et la culture des sciences pour s'abandonner à l'existence superficielle des salons et du café (Marshal).

Le soldat brille peu par la discipline, discute ses chefs et les ordres qu'il reçoit: il cherche à comprendre pour obéir. Il faut lui inspirer une confiance raisonnée, mériter son estime par une grande valeur personnelle.

En somme, la France n'est point militaire.

Elle a dirigé surtout son activité vers les arts de la paix et les questions intérieures; elle néglige d'appliquer à la guerre les découvertes de l'industrie et les puissances mécaniques. Son artillerie est d'une autre époque, son matériel insuffisant et rongé, ses magasins et ses arsenaux peu fournis.

La Prusse, au contraire, féodale et conquérante, est admirablement organisée pour la guerre. Le service y est excessivement dur; l'autorité se personnifie dans des nobliaux sans fortune ou ruinés, d'un despotisme méticuleux, d'une morgue insupportable. Les soldats et les officiers sont soumis à une discipline de fer, mécanique, incapable d'élan, mais formidable de résistance et de tenacité. L'obéissance aux chefs est passive, la fidélité absolue.

Les Etats-majors, supérieurs par la science et l'application au travail, sont recrutés avec un soin minutieux et jaloux, soumis à des examens sévères, à des concours fréquents, à une épuration scrupuleuse qui ne souffre ni relâche ni temps d'arrêt. Le commandement supérieur, concentré entre les mains d'un seul, ne laisse rien au hasard, calcule toutes les chances, est exempt de tiraillements ou d'hésitation ; son impulsion est unique, irrésistible ; il est entouré d'ailleurs d'une auréole de gloire et s'impose.

Une révolution complète s'est opérée, d'autre part, dans l'art de faire la guerre. Les conditions, qui, dans l'ordre naturel, assurent le triomphe, ont été renversées presque à l'insu de la France. Les batailles se livrent à distance. On ne s'aborde que très-difficilement à la baïonnette. Non-seulement la Prusse surprend la victoire, et la viole par l'ascendant brutal du nombre, mais encore elle substitue l'engin à l'homme. Le soldat français est foudroyé sans pouvoir se servir de son arme favorite, qui est l'arme des vaillants. La valeur individuelle, devenue secondaire, reste le plus souvent inutile. Et l'ennemi profite de la stupeur de nos troupes et de nos généraux devant une tactique en opposition si complète avec le génie de la France.

Tandis que la Prusse accumule les moyens d'attaque les plus puissants, le gouvernement impérial, qui a résolu la guerre, semble avoir pris à tâche de laisser le pays sans défense.

Les régiments, qui figurent sur le papier pour deux mille hommes, n'en contiennent que quinze cents et même moins. Le prix des remplaçants et les frais supposés de leur entretien sont détournés pour la liste civile. Des achats d'approvisionnements figurent dans les comptes sans avoir jamais été opérés.

Le moment de la lutte approche, et la France se trouve dans un isolement complet. L'Europe la tient en suspicion ; car elle fait ombrage, inspirant à tous une haine irréfléchie et sans cause sérieuse. Toujours plein d'illusions, le gouvernement impérial compte néanmoins sur la Bavière et le Wurtemberg. Bismarck, au contraire, se sert de la guerre pour couronner l'œuvre de l'unité germanique. La France ! La France est là ! Saisie de la panique de l'invasion (Michelet), l'Allemagne se lève en masse, avec sa landwehr citoyenne de cultivateurs, ouvriers, industriels, étudiants, fonctionnaires, ingénieurs, professeurs, médecins, avocats. Les Wurtembergeois, les Hanovriens, les Badois, les Bavarois marchent devant la Prusse pour recevoir les premiers coups. Les Polonais de Posen marchent aussi la baïonnette dans les

reins, après avoir vu fusiller **17** de leurs officiers et pas mal de soldats, qui osent refuser
de combattre la France.

Ce qui précède montre quelles furent l'i-
neptie et la légéreté du gouvernement impérial dans l'entreprise insensée de sa guerre
contre la Prusse. Il ne devait ignorer ni les
minces ressources dont il disposait, ni les
préparatifs immenses de l'Allemagne.

A l'ouverture des hostilités, la Prusse,
sans compter une réserve de 500,000 hommes, met en ligne 950,000 soldats avec
1,540 canons, système Krupp, se chargeant
par la culasse, légers, à tir rapide et à longue
portée. — Le maréchal Lebœuf, major-généra
ra de l'armée du Rhin, rassemble toutes les
forces disponibles de la France ; mais il ne
trouve que 360,000 hommes et 750 pièces
d'artillerie, d'une énorme infériorité de tir et
de portée. Au lieu de concentrer les troupes
et de se tenir sur une défensive commandée
par notre faiblesse numérique, le général en
chef, qui ne doute de rien, s'imagine avoir
bon marché des masses allemandes et compte
pour cela sur la *furia francesce*. Il ne trouve
rien de mieux que d'éparpiller les divers

corps d'armée le long de la frontière, de telle sorte qu'ils restent isolés et sans liaison entre eux. Il a la prétention d'offrir un front égal à celui de l'ennemi, et il laisse ses colonnes d'attaque sans profondeur ni consistance.

C'en est fait. L'Empire court tête baissée à une perte certaine, et, par malheur, entraîne avec lui la nation. La France veut la paix ; mais l'affaire du prince de Hohenzollern, appelé à la couronne d'Espagne, sert de prétexte au gouvernement qui veut la guerre dans un intérêt dynastique. La police impériale multiplie les excitations, provoque les chants de la Marseillaise et autres hymnes patriotiques naguères proscrits. A Berlin ! A Berlin ! s'écrie de toutes parts un populaire enthousiasmé. A Berlin !...

CHAPITRE III.

PREMIERS REVERS DE LA FRANCE. — CAPITULATION DE SÉDAN. — LE GOUVERNEMENT DE LA DÉFENSE NATIONALE.

A Berlin! C'est tôt dit. Mais l'illusion dure peu.

Après l'escarmouche de Saarbruck, où Louis-Napoléon vient faire parader son jeune fils (2 août 1870), le général Frossard est obligé de se retirer sur Forbach.

Surpris et écrasé à Wissembourg (4 août), le général Douay est tué.

Le maréchal Mac-Mahon, au lieu d'observer les débouchés des Vosges et de se concentrer pour combattre l'ennemi sur un terrain étudié à l'avance et dans de fortes positions défensives, Mac-Mahon livre bataille à Fræschviller (6 août) avec 40,000 hommes contre 150,000. La lutte est acharnée; vaincre est impossible. L'héroïsme des cuirassiers arrête seul, à Reischoffen, la poursuite du vainqueur, et couvre la retraite de l'armée française. Le général de Failly aurait pu décider la victoire en arrivant à propos : il reste dans une inaction coupable, malgré les ordres qu'il a reçus de rejoindre Mac-Mahon au plus vite. — Le même jour, le corps de Frossard est complétement battu en avant de Forbach et rejeté sur Sarreguemines.

Le découragement succède partout à l'enthousiasme.

Le décret du 7 août appelle dans la garde nationale mobile tous les jeunes gens au-dessous de vingt-cinq ans; mais une organisation ne s'improvise pas.

Le gouvernement achève de jeter l'alarme. Il proclame la patrie en danger (9 août) et fait un appel au pays; mais il refuse de donner des armes, car il craint la France plus que l'étranger. Le ministère Ollivier tombe; celui de Montauban lui succède : la situation n'en est pas moins fortement compromise. L'Alsace et la Lorraine sont livrées à l'ennemi. Les forces françaises, coupées en deux, presque au début des opérations, se rallient sur les places fortes et forment deux armées sans direction centrale : celle de Metz commandée par le maréchal Bazaine, celle de l'Est ou de Châlons sous les ordres de Mac-Mahon.

Le maréchal Bazaine, vainqueur à Borny (14 août), ne profite pas de son succès et bat en retraite. Mal renseigné, il se laisse surprendre à Rezonville (16 août) ; mais l'armée française se remet promptement et maintient avec vigueur ses positions. 80,000 soldats en repoussent 180,000 et infligent à l'ennemi une perte de 22,000 hommes.

Du coup, la partie se trouve presque relevée. Bazaine peut percer les lignes prussiennes, laisser à Metz 30,000 hommes et rejoindre Mac-Mahon avec 100,000 soldats. Mais la jalousie de métier qui divise nos maréchaux va porter ses fruits. L'Empereur a quitté l'armée. L'ambitieux Bazaine veut rester maître absolu de ses actes, au prix même d'une lâche trahison ; il refuse d'obéir aux ordres qu'il reçoit, arrête sa marche sur Châlons, opère une conversion en arrière sur son aile gauche, livre la bataille indécise de Saint-Privat ou Gravelotte, dans laquelle les · Prussiens deux fois plus nombreux perdent 20,000 hommes, recule ensuite définitivement et rentre dans Metz après avoir brûlé, sans y être contraint, une partie des effets et des provisions de son armée. A Gravelotte (18 août), nos troupes manquent de munitions, et Frossard se laisse encore surprendre.

C'en est fait. La route de Thionville est coupée. Metz se trouve bloqué avec 50,000 réfugiés, 18,000 blessés et une armée de 130,000 hommes. Les soldats, démoralisés, commencent à murmurer qu'ils sont trahis.

Les préoccupations dynastiques, les soucis de la politique intérieure pèsent sur les décisions et font accumuler faute sur faute. Les ordres, les contre-ordres se croisent et montrent la confusion et les incertitudes du commandement. Perdu dans l'esprit public, l'Empereur sent qu'il ne peut revenir ainsi dans sa capitale. L'armée de Châlons devrait se replier sur Paris : dans la crainte d'une révolution, le conseil de la régence et celui des ministres décident qu'il faut rallier Bazaine. Mac-Mahon n'approuve pas ce plan, auquel l'opinion se rattache malheureusement ; mais, quoique général en chef, il doit obéir ou donner sa démission.

Le combat malheureux de Belval (29 août), la déroute de Beaumont infligée au 5e corps qui s'est laissé surprendre (30 août), le combat indécis de Bazeilles (31 août), après lequel on abandonne le pont du chemin de fer, précipitent le dénouement. Par une sortie vigoureuse, Bazaine peut, dit-on, prévenir la catastrophe et tendre la main à l'armée de l'Est ; mais il ne tente l'assaut du plateau Ste-Barbe qu'avec des forces dérisoires, puis rentre dans Metz au plus fort de la mêlée, abandonnant une entreprise en bonne voie de réussite et refusant ainsi de sauver la France. — Dès lors, les Prussiens manœuvrent hardiment pour cerner l'armée de Mac-Mahon, disposée autour de Sédan, et bientôt privée de direction par la perte de son chef qu'un éclat d'obus blesse à la cuisse. Les Prussiens débordent les ailes de l'armée française, l'enveloppent et la prennent comme au fond d'un entonnoir dont les hauteurs se couvrent d'une formidable artillerie, qui foudroie de ses feux plongeants et convergents. Nos troupes mitraillées sont refoulées en désordre dans la ville. L'ouragan de fer et de feu forme un cercle qui se resserre de plus en plus. A 2 heures du soir, la bataille est perdue : 25,000 Français sont étendus sur la poussière. Sollicité par le général de Wimppfen, l'Empereur refuse de tenter un effort suprême et de tomber au moins en soldat : il préfère capituler. L'armée tout entière, avec son matériel, armes, chevaux, voitures, munitions, est prisonnière de guerre et sera transportée en Allemagne.

Il est impossible de peindre la stupeur et l'indignation du pays à la nouvelle de la capitulation de Sédan. La France, abusée jusque-là, se voit tout-à-coup au fond de l'abîme.

La République, acclamée dans Paris, est acceptée par la France entière. On nomme un gouvernement de la défense nationale, composé d'hommes jusqu'alors tenus à l'écart des affaires publiques. Sanglante, amputée, pour ainsi dire, du bras droit, la

France n'est pas abattue. Chose héroïque, elle résiste encore, et cette défense inespérée ne laisse pas d'inquiéter la Prusse. Ah! il faudrait un prodige ! Et ceux qui essayent l'œuvre de salut ne disposent que de ressources restreintes ou illusoires.

C'est tenter l'impossible que d'espérer, par un coup du désespoir, arrêter l'ennemi victorieux qui marche sur la capitale. Le chemin lui est d'ailleurs ouvert. Avec une imprévoyance déplorable, la régence a négligé d'occuper les hauteurs qui dominent les forts. Les Prussiens s'en saisissent, commencent leurs travaux d'approche (10 septembre), établissent à l'aise leurs batteries, et, le 19, Paris achève d'être investi. Que Paris se dévoue donc et s'expose à toutes les horreurs d'un siége pour donner au pays le temps de se lever en masse. Dans l'intervalle, on se hâte de réunir quelques débris de corps, on appelle d'Afrique les régiments qui y sont restés, on précipite l'armement et l'équipement de la garde mobile. Mais qu'il est tard !

CHAPITRE IV.

———

LA GARDE MOBILE. — LE BATAILLON DE RIOM; M. DE MOLEN. — LES LAPINS BLEUS DE SAINT - GERVAIS. — LE 32ᵉ RÉGIMENT DE MOBILE.

———

Le décret du 7 août 1870 ne reçoit pas d'abord une application bien rapide : on espère toujours qu'il ne sera pas nécessaire d'utiliser la garde mobile. D'ailleurs, sous la pression des événements, l'exécution d'un tel décret ne laisse pas d'offrir de très-graves difficultés. Il ne suffit pas de réunir les contingents, d'affubler les hommes d'un uniforme quelconque pour commencer leur instruction avec des cadres exercés. Les cadres n'existent point. Il faut même trouver des

officiera, et faire leur éducation première ;
car, à l'exception de quelques anciens militaires, ils sont encore à peu près novices.

En général actifs et intelligents, les officiers de la mobile, choisis avec un certain
soin par les généraux munis des pouvoirs
nécessaires, se mettent au travail avec une
louable ardeur, afin de se rendre dignes du
poste délicat qui leur est confié. S'ils n'ac-
quièrent pas en quelques jours les qualités et
connaissances indispensables à un officier
sérieux, le zèle et l'énergie ne leur font pas
défaut, mais bien le temps qui donne seul
l'expérience de la pratique.

La garde mobile a certainement fait plus
que l'on était en droit d'attendre de son organisation rudimentaire. Réunie 1 an ou 2
plus tôt, suffisamment exercée, elle eût consti-
tué un corps d'élite ; avec elle l'invasion
eût été impossible. Certes, l'Empire fut bien
coupable de négliger, dans des vues personnelles, une institution reconnue indispensa-
ble. Mais laissons les vaines récriminations.

Le département du Puy-de-Dôme est par-
tagé, pour la mobile, en cinq circonscrip-
tions, assez bien représentées par les arron-

dissements d'Ambert, Clermont, Issoire, Riom, Thiers, sauf quelques remaniements cantonaux pour égaliser, autant que possible, l'effectif de chaque bataillon fourni par arrondissement.

Le bataillon de Riom, qui nous occupe plus spécialement, parce que nous connaissons mieux son histoire, est placé sous le commandement de M. de Molen.

Engagé comme volontaire en 1839, monsieur le vicomte Hyppolite de Molen est, sur sa demande, envoyé en Afrique, où il entre dans le régiment des spahis de Bone. Il y parcourt une brillante carrière, et, en 1852, est nommé capitaine pour sa belle conduite, au siége de Laghouat. A quelques temps de là, il est nommé chevalier de la Légion d'honneur.

M. de Molen reste en Afrique jusqu'en 1857. Il épouse alors M{ile} Desaix, petite-nièce de l'illustre général dont l'Auvergne se glorifie. Il rentre en France, sert quelque temps encore dans un régiment de chasseurs et se retire. La nouvelle de la guerre avec la Prusse le trouve dans sa famille ; il se met aussitôt à la disposition du ministre de la guerre, et

ses offres de service sont acceptées avec em-
pressement.

Calme, ferme, prudent, M. de Molen con-
naît toute l'importance des fonctions difficiles
qu'il doit remplir; il s'applique d'abord à
former les officiers placés sous ses ordres.
Sachant concilier les exigences du service
avec une indulgence paternelle, il leur communique les sentiments de devoir qui le pénètrent, les habitue à la méthode et à la discipline, règle scrupuleusement l'emploi de
leur temps, fixe les heures des écoles de peloton et d'intonation, celle des instructions sur
le service intérieur ou en campagne. Il exige
leur présence au rapport quotidien, dans
lequel il expose et prend les mesures
les plus convenables à préparer l'organisation rapide du bataillon; il veille à ce
que chacun soit à son poste. Que d'activité,
que de dévouement ne lui faut-il pas pour
obtenir en quinze jours des résultats, même
faibles. Une salutaire émulation anime les
officiers de Riom. Tous comprennent la nécessité de n'être pas trop au-dessous de leur
tâche, de se rendre capables et utiles.

Le lieutenant de la huitième compagnie n'a

point de capitaine et ne l'est pas encore lui-
même. Sans expérience, fort peu versé dans
la pratique de l'art militaire, il se voit néanmoins responsable de sa compagnie. Les mobiles sont toujours dans leurs communes ; il
éprouve le besoin de faire leur connaissance
et de mettre à profit les quelques jours qu'il
a devant lui pour les préparer et leur rendre
ainsi les débuts moins pénibles. Un dimanche
matin, il se rend à St-Gervais, et, à l'issue
de la grand'messe, donne rendez-vous dans
la caserne de gendarmerie aux jeunes gens
du canton qui doivent partir.

Les curieux ne manquent pas ; car le spec-
tacle est nouveau. Monté sur le balcon de la
mairie, le lieutenant s'adresse à ses futurs
compagnons d'armes.

« Mes amis, leur dit-il, nous sommes sol-
» dats par devoir et non par métier. La France
» nous appelle pour défendre nos mères,
» nos sœurs, nos fiancées, nos familles,
» notre patrie. De tous temps, les Auver-
» gnats se sont distingués entre les plus bra-
» ves. Dans nos veines coule le sang de Ver-
» cingétorix et de Desaix. Ce que furent nos
» pères, nous le sommes aujourd'hui. Ren-

» dons-nous dignes de nos aînés de l'armée
» active qui défendent si vaillamment le sol
» natal envahi par l'étranger. Et pour cela,
» sachons nous faire remarquer par notre
» réserve, notre belle tenue et surtout notre
» bonne conduite.

» A notre inexpérience, à notre manque
» de savoir, suppléons par une réciprocité
» d'estime, de bonne volonté, de courage.
» Ne reculons devant aucune peine, aucune
» fatigue, et surtout ne perdons plus de
» temps. »

La foule étonnée reste muette ; mais l'appel est compris. Chacun se consulte du regard ; chacun approuve du geste. Il faut peu de chose pour éveiller les instincts généreux du peuple français. Le tambour de l'endroit fait entendre un roulement, une bruyante rumeur lui répond. On se dispute les théories que donne l'orateur. D'anciens militaires s'offrent spontanément pour commencer l'instruction des nouvelles recrues. C'est fini. Un gars plus hardi s'est élancé dans la salle de la mairie. Il s'empare du drapeau tricolore. Les jeunes gens se rangent à sa suite, font le tour de l'endroit, fifre en tête, au grand ébat

des femmes et des enfants, puis se rendent sur
la place de l'église pour y faire l'exercice.
Rien de plus pittoresque que ces commence-
ments indécis; mais l'ardeur ne se ralentit
point. Le 28 août, la compagnie, qui se rend
à Riom pour être incorporée dans le bataillon,
n'est déjà plus si novice et surprend par son
allure vive, décidée, presque martiale.

Faut-il maintenant raconter les paperas-
series interminables, les lenteurs, les ennuis,
les dégoûts de toute nature qui accompagnent l'organisation d'un bataillon, lorsqu'il
n'y a presque rien d'approvisionné pour l'é-
quiper et pour l'armer! Les livraisons ont
lieu successivement et par fractions minimes.
Chaque fois il faut en faire une répartition
proportionnelle, car les compagnies ne sont
pas égales; chaque fois il faut produire des
états nominatifs, que l'on redemande à plusieurs reprises. Enfin, on se tire à peu près
d'affaire et, somme toute, on trouve une paire
de souliers pour 2 hommes, un pantalon pour
3, une tunique pour 11, ainsi du reste. L'u-
niforme dont chaque mobile devient l'heureux
possesseur comporte, à la vérité, un képi et
une blouse bleue.

L'instruction des hommes ne souffre d'ailleurs point de cet état de choses, et 5 heures par jour y sont rigoureusement consacrées. Les progrès sont même rapides, l'amour-propre s'en mêlant. Toute compagnie a en effet une personnalité dont il faut saisir les côtés utiles.

Le capitaine de la huitième appelle les siens « les lapins », puis, par respect pour la couleur de la blouse, il y ajoute l'épithète de « bleus. » Honni soit qui mal y pense. Les Lapins-Bleus de St.-Gervais sont connus. Le nom leur est resté. Pour nous rendre au collège des Maristes, où nous sommes casernés, nous traversons la ville de Riom dans sa longueur et sa largeur. Ce n'est pas un mal. « Attention, les Lapins! on nous regarde! » Faisons voir que nous sommes des soldats! » Que l'on n'entende qu'un seul battement! » Que chacun pivote au même point! Sa... » T..... » Et les tailles se redressent, les yeux brillent plus vifs, les pieds frappent la terre en cadence. La colonne avance avec un ensemble satisfaisant. On ouvre les fenêtres pour regarder passer; on ne rit pas, on admire presque.

Vers le 20 septembre, les compagnies de guerre sont organisées. La cinquième, destinée à former le dépôt, reçoit les hommes mariés, les fils aînés de veuves, les soutiens de famille des 7 autres, dont l'effectif est arrêté à 170 hommes, plus 1 clairon ou 1 tambour.

Tandis que le bataillon d'Ambert est à Paris, où il contribue à la défense de la capitale, et que celui de Thiers ira en Afrique, les bataillons de Clermont, commandé par M. Mallay, Issoire, sous les ordres de M. Sersiron, et Riom sont envoyés à l'armée de la Loire : ils forment le 32e régiment de mobile, sous le commandement de M. Sersiron, L.-Colonel. Notre régiment est en un si bel équipage, que le général sous les ordres duquel il est placé le baptise aussitôt trente-deuxième mendiant. On doit comprendre, en effet, l'impression produite par nos singulières bigarrures sur des chefs habitués au brillant et à l'exquise ordonnance de l'armée sous l'Empire. Ces hommes à musette, si mal vêtus et de si pauvre apparence, pourront-ils se battre et tenir tête à l'ennemi ? C'est bon. Les mendiants du Puy-de-Dôme ont assez bien gagné leur pain.

CHAPITRE V.

Le 25 septembre 1870, le bataillon de Riom s'embarque en chemin de fer pour rejoindre l'armée de la Loire.

Une foule sympathique se presse autour de nous : la ville entière a voulu nous souhaiter un bon voyage. Le corps des pompiers, en grand uniforme, commandé par son capitaine, M. Parry, avoué, nous forme une escorte d'honneur; la musique fait entendre ses fanfares guerrières. Mais comment dire les émotions d'un tel départ? Nos amis, nos parents nous étreignent dans leurs bras. Les embrassades et les serrements de main n'en finissent plus. Des larmes involontaires d'attendrissement coulent le long des joues. Nous sommes pleins d'espoir, d'ardeur, d'enthousiasme. Nous partons pour combattre les ennemis de la France. Que vos vœux nous accompagnent ! Oui, nous saurons le défendre ce drapeau que les dames de Riom ont bien voulu nous offrir. Tout-à-coup la musique se met à jouer « l'âme de la Pologne. » Quel rapprochement ! Puis une immense clameur s'élève dans l'espace. Adieu ! Adieu ! Au revoir !.... Se reverra-t-on ?....

Les mouchoirs flottent aux portières ; les bras s'agitent. Nous filons, nous filons encore, et tout disparaît comme dans un rêve. Semblable au destin, la locomotive nous emporte loin du passé. Les perspectives de l'inconnu s'ouvrent devant nous......

Nous arrivons à Vierzon vers 6 heures du soir. Le mobile Rouchon est resté en route. Monté sur l'impériale d'un wagon, malgré la défense formelle de ses chefs, il reste debout et se fracasse la tête au passage d'un pont.

Après le désastre de Sédan et l'investisse-

ment de la capitale, le gouvernement de la
défense, prisonnier dans Paris, délègue une
commission de quatre membres chargée d'organiser la province. La délégation exerce,
sans résistance ni protestation, le pouvoir
exécutif, le pouvoir législatif, la dictature
suprême dans sa plus large étendue : les em-
prunts, la levée des impôts, la levée des
hommes. L'obéissance suit ses décrets. Ins-
tallée d'abord à Tours, elle s'empresse de
mettre à profit le temps d'arrêt survenu dans
la marche victorieuse des Prussiens pour
former une nouvelle armée derrière la Loire.
On trouve toujours des soldats, parce que le
courage suffit ; mais on n'improvise pas une
armée dans les conditions de durée, de consistance, de stabilité, de manipulation nécessaires pour pouvoir manœuvrer efficacement
de grandes masses. Les hommes sont en
nombre ; le reste fait défaut, armes, effets,
matériel, artillerie surtout. Les administra-
tions militaires sont désorganisées, les inten-
dances au-dessous de leur tâche, qui est de
première importance.

Les troupes ont eu à souffrir trop souvent
de la faim, tandis qu'elles s'épuisaient dans

une lutte énervante contre une hydre toujours reposée, toujours prête au combat. Fort de son énorme supériorité numérique, — la proportion a presque toujours été de 1 contre 2, 3 et même 4, — Frédéric-Charles, prodigue du sang allemand, suit le système du général russe Souwarow. Il est sûr dè la victoire ; elle est pour lui une question de temps : le courage vient fatalement se briser contre l'engin. Etonnés de l'impossibilité de vaincre, les soldats en conçoivent de l'ombrage pour leurs chefs.

Plus habitués à payer de leur personne qu'à poser des chiffres et à combiner de profonds calculs stratégiques, les généraux sont parfois insuffisants dans une guerre où la science est tout, dans laquelle le bronze remplace l'homme. En face d'une tactique qui déroute les préceptes de la vieille école chevaleresque, ils hésitent et se troublent. Incapables de bien saisir les motifs de leur impuissance, ils attribuent volontiers leurs insuccès à la qualité du soldat. Il en résulte ainsi une défiance mutuelle dont les conséquences sont terribles.

Bourges est le grand quartier général de

l'armée de la Loire. Vierzon, poste avancé, est choisi comme centre de formation du 15e corps. Que d'éléments disparates s'y rencontrent ! Aucune homogénéité. Peu de discipline, encore moins de confiance, point de grandes garanties de solidité ni de commandement. Peut-il en être autrement ?

Quelques vieux régiments de ligne, comme le seizième et la légion étrangère, rappelés d'Afrique, sont encore intacts et excellents.

Les régiments de marche, formés avec les débandés, les fuyards, les convalescents de tous corps et auxquels on adjoint les jeunes gens de la classe de 1870, présentent un amalgame, une confusion, qui généralement les empêchent de devenir même passables. Incomplets, sans équipages, si ce n'est ceux que l'on réquisitionne, privés d'individualisme et d'esprit de corps, on ne peut asseoir aucun fondement solide sur eux.

Les régiments de mobile, moins militaires, peu aguerris, pour la plupart en piteux équipement, renferment de précieux gages de moralité, d'intelligence et de bon vouloir. Avec une personnalité bien tranchée, ils offrent plus de cohésion et ont une consistance spéciale due à leur mode de recrutement. Mais les généraux, imbus de préjugés à leur égard, ne tiennent compte de rien, s'arrêtent aux apparences, le montrent à tort et froissent ainsi de légitimes susceptibilités.

Quant à l'infanterie de marine, par les services qu'elle a rendus, on ne saurait trop regretter qu'elle n'ait pas été plus nombreuse.

Quoi qu'il en soit, il n'y a aucune liaison entre des éléments si divers et de toute provenance, que de ridicules préventions contribuent à désunir davantage.

A ces causes intimes de désordre, s'ajoutent les influences du dehors.

La France a perdu la foi. Chaque famille fait des démarches incroyables pour obtenir l'exemption des siens. « Ne te fais pas tuer, pleurent les mères, les sœurs, les fiancées. Reviens, reviens malgré tout. » Et le défenseur s'éloigne à regret. Il y a loin de là à ces femmes énergiques, plaçant elles-mêmes le fusil entre les mains du conscrit de 1792 et lui disant : « Ne reviens pas ou sois vainqueur ! » Chez bien des soldats, les impressions du départ persistent alors qu'il faudrait tout leur courage pour regarder la mort en face, toute leur énergie morale pour résister aux fatigues, à la faim, aux misères sans nombre d'une campagne.

L'esprit public est aigri, irrité : le malheur rend injuste. Les exaltés et les empiriques se répandent en malédictions. Derrière eux, apparaît cette tourbe sociale qui ne se montre que dans les temps calamiteux, véritables vautours qui guettent le moment de la curée. Une certaine partie de la population Vierzonnaise affecte des tendances radicales, patronne les résolutions violentes et se grise avec de grands mots à effet. Les clubistes, moins innocents, travaillent les soldats contre leurs officiers. « Tas d'imbéciles, débarrassez-vous de ces traîtres! Que vos premières balles soient pour eux ! Et puis, la conscience tranquille, retournez dans vos foyers. » Mais le bon sens des mobiles et leur honnêteté font justice de ces énergumènes, dont les excitations sont accueillies par des huées. Aussi, lorsque nous pénétrons dans l'enceinte des bons B..... pour nous édifier à leur école, l'orateur, subitement enroué, hésite, balbutie,

s'arrête au plus beau moment de sa pérorai-
son et descend vite de la table boiteuse qui
lui sert de tribune. Les semences malsaines
ne se perdent pas toutes néanmoins.

La spéculation, d'autre part, n'a pas honte
de tirer profit des calamités publiques. C'est
l'exploitation du Français par lui-même. Les
objets nécessaires aux militaires sont hors de
prix, et vendus jusqu'à trois fois leur valeur
réelle. La cupidité des marchands est insa-
tiable. Tandis que le pays se ruine, nombre
de fournisseurs réalisent des gains sinistres,
favorisés par la complaisance administrative.
Ne cherchons pas davantage à remuer cette
fange.

Dans le nord se joue enfin une sanglante
comédie qui sera l'éternelle flétrissure de
l'acteur principal.

Malgré la proclamation de la déchéance
de l'Empire, Bazaine s'obstine à maintenir
les aigles à la hampe des drapeaux. La garde
mobile et la garde nationale restent avec des
fusils à tabatière, sans cartouches, et l'ar-
senal de Metz renferme de nombreux chassepots. Le 27 septembre, Bazaine essaye une
tentative sur Peltre pour se ravitailler; mais,

dans la crainte de réussir, il n'engage que quelques bataillons et se joue de la vie des soldats qu'il fait massacrer en détail.

Tandis que la ville de Strasbourg, assiégée et détruite par l'armée Badoise, est obligée de se rendre (28 septembre), tandis que le gouvernement de la défense décréte l'organisation des gardes mobilisés (29 septembre), Bazaine prétend rester l'arbitre de la situation. Il rumine une restauration Bonapartiste, avec le concours de la Prusse, trompe et démoralise ses troupes, envoie le général Bourbaki en mission secrète auprès de l'Impératrice. Il trahit la France, qui fonde sur lui les plus grandes espérances et perd un temps précieux dans l'attente de quelque coup décisif de sa part. Mais revenons-en à ce qui nous concerne.

Le bataillon de Riom, cantonné à Vierzon, y est rejoint dans l'intervalle par ceux de Clermont et d'Issoire, qui, précédant notre départ de quelques jours, avaient été d'abord dirigés sur Troyes. A cette époque, la compagnie des Lapins-Bleus perd un de ses hommes. L'infortuné Gorce meurt peu de jours après avoir eu la poitrine traversée par une balle tirée pendant que nous faisions l'exercice sur la rive droite du Cher, près de l'abattoir. Dieu veuille que l'on ne doive attribuer cette mort qu'à une imprudence, et que la main qui a fait partir le coup n'ait pas eu d'intention criminelle! Qu'il est triste de tomber ainsi.

Le 7 octobre, à deux heures du soir, le 32ᵉ mobile part pour Lurry, et, ce petit endroit n'offrant pas assez de logements pour tous, Riom et partie de Clermont se rendent le lendemain à Reuilly (Indre), localité dans laquelle les habitants se montrent très-affables.

Le 10 octobre, le régiment revient à Vierzon; nous recevons en route une forte averse qui nous trempe jusqu'aux os.

Le 11, nous apprenons la prise d'Orléans par les Prussiens.

Le bataillon, auquel on a donné des chassepots en remplacement des carabines Minié dont il était armé, reçoit (les 11 et 12) les tentes et les ustensiles nécessaires au campement. On lui distribue en outre quelques effets provenant de dons patriotiques ou fournis par l'État. Les trois compagnies de droite

3.

vont camper à la Genête (13 août), vaste prairie située sur la rive gauche du Cher; le lendemain, les quatre autres viennent y prendre leurs places. Nous restons là jusqu'au 17.

CHAPITRE VI.

DÉPART POUR SALBRIS. — DE SALBRIS A BLOIS : LES
PLAISIRS DE L'ÉTAPE. — DE BLOIS A SAINT-LÉONARD.
— CONSÉQUENCES DE LA REDDITION DE METZ (29 octo-
bre).

Le 17 octobre, le 15ᵉ corps quitte Vierzon
pour se rendre à Salbris (Loir-et-Cher). La
journée est magnifique. En route, nous nous
arrêtons une demi-heure, et, pendant cette
halte, un sous-officier du 33ᵉ régiment de
marche, à ce que je crois, qui vient d'insulter
son chef, est arrêté, jugé séance tenante par
le conseil de guerre, condamné à mort et
fusillé. Puis, la colonne s'ébranle de nouveau,

et passe indifférente à côté du léger tumulus de terre fraîchement remuée, qui recouvre la dépouille sanglante du supplicié.

A Salbris, le temps se passe en exercices et en distributions. Notre séjour y est rendu fort agréable par la société de miss Arabelle, charmante compagne qui égaye nos loisirs. C'est notre oie blanche. Attachée par la patte à un piquet fiché en terre, elle veille sur les tentes des Lapins-Bleus, qu'entourent de petits bocages arrangés avec des branches de pins coupés à la forêt voisine ; elle barbotte, jacasse, prend part à nos conversations et ramasse les miettes qui tombent de notre table, une table confortable, solidement établie avec quatre gros pieux soutenant le fond d'une caisse à biscuits. Bref, nous aimions si cordialement miss Arabelle, que nous avons fini par lui donner nos estomacs pour tombeau. Elle n'était pas trop grasse, enfin !

Le 21 octobre, nous recevons l'ordre de départ à 5 heures du soir. Le capitaine Biélawski, chargé de la distribution du régiment, est obligé de renvoyer à l'intendance les voitures de vivres qu'il amenait, sans pouvoir retirer les bons qu'il lui avait remis.

Nous marchons toute la nuit, en longeant la Sologne. Vers une heure du matin (22 octobre), nous traversons Romorantin, et nous allons camper dans un grand pâturage, inondé par une forte rosée. Nous couchons dans l'eau ; les hommes trouvent à peine quelques petits morceaux de bois pour faire du feu. Nous repartons à huit heures du matin.

Comme nous sommes las encore ! Que nos membres, pénétrés par l'humidité de la nuit, sont raides et paresseux ! Mais le soleil brille dans toute sa splendeur. Le ciel profond est bleu. Nous traversons de grands bois, non entièrement dépouillés de leurs feuilles. Les sapins étendent au-dessus de nos fronts leurs branches toujours vertes. Les merles sifflent dans les taillis, les tourterelles roucoulent et le gai pinson fait retentir l'air de sa note guillerette. Allons, il faut secouer notre torpeur ! En avant ! et que tous redisent le refrain du soldat :

> Ma tunique a trois boutons,
>   Marchons !
> Ma tunique a trois boutons,
>   Marchons !
> Marchons légère, légère,   } bis
>   Marchons légèrement

> Ma tunique a quatre boutons,
> Etc. . . . .

Et ainsi de suite indéfiniment. Saisissez bien le charme.

Les files sont dédoublées. De part et d'autre, nous cheminons sur l'accotement, de manière à laisser libre le milieu de la chaussée. Les rouliers, avec leurs lourdes carrioles, passent entre nous, s'arrêtent au sommet de la côte pour contempler la longueur de notre ligne pittoresque, se déroulant à perte de vue, et prêtent l'oreille aux rumeurs lointaines de nos retentissantes reprises.

> La République a décrété. (*bis*)
>   Comme en 92
> La Patrie est en danger !
> La République a décrété. (*bis*)
>   Comme en 92
> La Patrie est en danger !
>   Aux armes ! aux armes !
>   La France a battu le rappel.
>   Aux armes ! aux armes !
>   La France a battu le rappel.

Maintenant, ce sont les stances énergiques de « l'âme de la Pologne. »

> Tout peuple fier qui, sous les cieux, respire,
> Reçoit des mains du Dieu de vérité

Une âme libre et dont la voix l'inspire
Dans les dangers que court sa liberté.
    Etc. . . . .

Les Lapins-Bleus ont aussi un chant spécial qui comporte 99 couplets et plus, car chacun tient à honneur de composer le sien. Quelle verve, parfois trop gauloise! Quelle désinvolture naïve et non toujours sans sel ! Quels rires surtout! Le vers, d'une facture primitive, est sans prétention : il déborde; la césure y est absolument inconnue. Mais qu'importe !

Hardi, hardi! les Lapins, en chœur! Et chacun d'attaquer vigoureusement le refrain :

> Les Lapins de Saint-Gervais
> Ne périront jamais
> Répétons tout joyeux,
> Vive les Lapins-Bleus!

N'allez pas croire au moins que cela soit puéril. Rien n'influe plus heureusement sur le moral du soldat. Ces petits riens égrillards font oublier les fatigues et les misères. Le biscuit, si dur, croque ferme sous la dent. On rejette allégrement le sac sur le dos. Les jambes s'allongent plus vite sur la route poudreuse ; elle semble courte enfin, l'étape ainsi égayée par de joyeux propos, des couplets entraînants, de bons et francs éclats de rire.

A mi-chemin, nous faisons une grande halte, qui se prolonge plus ou moins. Aujourd'hui, elle est de deux heures. On se dépêche de pendre la marmite à deux bâtons fixés en croix, on fait la soupe ou le café ; on casse une croûte en vidant le bidon, puis on s'étend voluptueusement sur l'herbe, à l'ombre d'un arbre ou d'un buisson, la tête entre les bras repliés et formant coussin. On se livre à un léger somme, et l'on reprend ensuite l'étape avec gaillardise. En avant ! en avant ! le gîte n'est déjà plus si loin.

Il est 3 heures quand nous arrivons à Cour-Cheverny, où les habitants nous font un accueil cordial et offrent aux troupes plusieurs pièces de vin.

Le lendemain (23 octobre), nous repartons à 7 heures du matin. La pluie nous surprend aux deux tiers de la route et nous accompagne jusqu'à Blois. Nous sommes mouillés comme des tanches et nous allons camper, à 400 mètres environ de la rive droite de la Loire, dans un terrain sablonneux et submersible, protégé contre les inondations par une digue qui nous sépare du fleuve.

Blois est une jolie ville bâtie en amphithéâtre sur les bords de la Loire, remarquable surtout par son magnifique château, dans lequel on voit la salle des fameux Etats, la chambre où le duc de Guise et son frère, le cardinal, ont été assassinés, celle dans laquelle est morte Catherine de Médicis. Les ailes construites par Louis XII et François I sont d'une architecture ravissante, et l'on admire particulièrement un pavillon et la tour de l'escalier. Le corps de bâtiment élevé par Gaston Phœbus de Foix est bien au-dessous des deux autres : il fait tâche.

Le 27 octobre, nous quittons Blois après avoir franchi la Loire, et nous gagnons les hauteurs qui forment le versant gauche de ce cours d'eau. La pluie ne nous épargne pas. Arrivés à Pontijou, nous dressons nos tentes sur des terres labourées où l'on enfonce dans la boue jusqu'à la cheville. Aussi est-ce sans regret que nous fuyons cette tourbière (28). La 3ᵉ division du 15ᵉ corps, dont le 32ᵉ régiment de mobile fait partie, forme la réserve et s'arrête un instant à l'embranchement de plusieurs routes pour laisser passer une forte colonne qui, arrivant par une autre voie, se dirige vers l'Est. Nous traversons Saint-Léonard, et nous allons camper (3 heures du soir) à 800 mètres environ à gauche du village, non loin de la forêt de Marchenoir.

Tandis qu'on nous laisse la journée du 29 pour nous reposer, les Prussiens entrent dans Metz, l'imprenable. Manquant à tous ses devoirs de soldat et de Français, le maréchal Bazaine livre cette place forte à l'ennemi, sans avoir soutenu un seul assaut et avant même que la brèche fût ouverte. Cet acte, qui ne peut se qualifier autrement que du nom de trahison, plonge le pays dans un morne désespoir. L'armée du Nord, livrée aux Prussiens, permet à Frédéric-Charles de se rabattre avec 200,000 hommes sur l'armée de la Loire. Dès lors, la France se trouve dans une situation désespérée. L'Empereur est prisonnier avec 4 maréchaux, 10,000 officiers, 300,000 soldats, et nous avons perdu 2,000 canons, plusieurs centaines de mitrailleuses et 400,000 chassepots.

CHAPITRE VII.

MOUVEMENTS LE LONG DE LA FORÊT DE MARCHENOIR. — SÉJOUR A VILLEPASSIS; L'ÉCHO DU COMBAT. — VICTOIRE DE COULMIERS OU BACON (9 novembre).

Le 30 octobre, nous levons le camp à six heures du matin. Il tombe une pluie froide. Nous traversons le village de Marchenoir et venons planter nos tentes au-delà de Plessis-Léchelle. Le lendemain, nous nous déplaçons d'environ 500 mètres.

L'artillerie et le parc de réserve défilent le 1er novembre. On nous laisse à la garde des magasins avec quelques troupes de ligne, en avant de la ferme de la Roche. Le temps

est très-beau. Nous profitons de la circon-
stance pour fouiller la forêt en tous sens,
aller à la recherche de vivres et de fourrages.

C'est une bonne fortune lorsqu'on peut
se procurer, en campagne, des légumes et
du pain frais, de la volaille, des provisions.
Quelle bombance au retour! Et cela, sans
parler des rencontres fortuites. A l'angle de
ce sentier, une volée de marmots s'échappe
d'une grande étable, vient se planter devant
vous en écarquillant les yeux, puis se sauve
à tire-jambes en s'entravant à qui mieux
mieux, et court se réfugier dans les cotillons
de la vieille grand'mère au nez crochu, gravement assise sur un escabeau boiteux et faisant ronfler le rouet. Ailleurs, une jolie villa-
geoise, rougissante et curieuse, apparaît sur
le seuil de cette ferme. Oh! c'est le terme de
l'expédition. On lui demande une écuellée de
lait chaud. On lui marchande à plaisir son
beurre et des œufs. On prolonge la station,
puis on s'éloigne à regret, non sans se re-
tourner maintes fois.

Le 2, nous nous rapprochons un peu de
Villemezon, non loin de Josnes. Ce jour-là,
quatre hussards, partis en reconnaissance,

ramènent trois uhlans, après en avoir tué un autre. Les prisonniers, conduits au quartier général, passent devant notre front de bandière et excitent une vive curiosité : ce sont les premiers que nous voyons.

Le 3, notre régiment prend la tête de colonne, et le 15ᵉ corps d'armée s'installe autour de Villexanton, à 8 kilomètres de Mer.

Le bataillon de Riom campe auprès de Villepassis. Il fait froid; le bois manque.

Le lendemain, notre l.-colonel, M. Sersiron, nommé commandant supérieur des forces mobilisées du Puy-de-Dôme, part pour Clermont-Ferrand et laisse le régiment aux ordres de M. de Molen.

Le 6, on distribue des havre-sacs : ce n'est pas trop tôt.

Le jour suivant, vers 9 heures 1/2 du matin, de sourdes détonations se font entendre tout à coup dans la direction de Josnes, vagues d'abord, ensuite plus distinctes. C'est lui, c'est le canon, dont la voix frappe nos oreilles pour la première fois. Les battements du cœur s'accélèrent, les narines se dilatent. La poudre parle; le bruit attire; une âpre curiosité, mêlée d'appréhension, s'empare de nous. La canonnade, lointaine, semble se rapprocher; par intervalles, on distingue quelques feux de peloton. Voici l'heure. On bat l'assemblée : en un clin d'œil les tentes sont abattues, les sacs bouclés, les armes prêtes. M. de Molen saute à cheval : « Fils de l'Auvergne, ce sont eux ! » Non, le moment n'est pas encore venu. L'ennemi, fort de 2 bataillons, 1,500 cavaliers et 10 canons, attaque en effet nos avant-postes dans la forêt de Marchenoir, de Poisly à Saint-Laurent-des-Bois; mais il est repoussé avec pertes.

Le lendemain, nous décampons à 6 heures 1/2. Nous marchons en bataille à travers champs, formés en colonnes par peloton et par régiment en masse. Après une grande halte à Josnes, nous venons dresser nos tentes dans la vaste plaine de Montigny.

L'armée de la Loire, sous le commandement en chef du général d'Aurelles de Paladines, occupe les positions suivantes (8 novembre) : les généraux Martineau et Peitavin sont établis entre Messas et le château du Coudray; le général Chanzy, entre le Coudray et Ouzouer-le-Marché; le général

Reyau, avec la cavalerie, à Prénouvellon et Sérouville; le quartier général à Poisly. (Rapport du général d'Aurelles.)

Le 9 novembre, après avoir mangé la soupe, nous nous mettons en mouvement vers 8 heures du matin. L'ordre de bataille est le même que celui de la veille. Le 32ᵉ régiment de mobile fait partie de la 3ᵉ division du 15ᵉ corps, sous les ordres du général Peitavin, qui doit s'emparer successivement de Bacon, de la Renardière et du Grand-Luz, pour appuyer ensuite la droite du général Chanzy, en vue de prendre le village de Coulmiers.

Une nuée de tirailleurs éclaire notre marche, du sud-ouest au nord-est, et sonde prudemment le terrain. Nous la voyons bientôt se détacher sur la ligne de faîte, puis disparaître à l'horizon. A notre tour, nous gagnons les hauteurs, à droite du château de la Touanne, abandonné par l'ennemi. Soudain, le canon se met à gronder; nous avançons encore, et le village de Bacon se montre à nos regards. De grandes colonnes de fumée s'élèvent au-dessus. Le bourg, construit sur un petit mamelon, d'où les habitations descendent vers la plaine en s'étageant, a été crénelé par les Bavarois, qui dirigent de là un feu meurtrier. La résistance se prolonge. C'est l'instant. « Cartouuouche..... on ! » ; et une sorte de frémissement court dans nos rangs, car c'est la première balle que l'on glisse dans le chassepot. La fusillade crépite ; l'artillerie tonne ; les boulets passent en ronflant et viennent labourer la terre ; les obus déchirent l'air avec un bruit aigu, puis éclatent au milieu de nous. Quelques soldats sont renversés. Deux escadrons de hussards et de lanciers s'avancent à droite et poussent une charge. Des chevaux sans cavalier courent dans la plaine ; un capitaine d'état-major porte des ordres, et l'artillerie de réserve arrive au galop. Las de rester immobiles ou couchés, nous brûlons de prendre une part à l'action. Mais Bacon est emporté d'assaut par le 16e de ligne.

Nous descendons alors vers le village de Huisseau-sur-Mauve et le château de la Renardière. Les Bavarois sont solidement retranchés dans les maisons et dans le parc. Le 6e bataillon de chasseurs de marche, un bataillon du 16e de ligne et un du 33e de marche enlèvent avec une vigueur remarqua-

ble ces positions énergiquement défendues,
et malgré l'obstacle offert par le ruisseau de
Mauve qui coupe la vallée. Notre régiment
appuie en bon ordre les braves soldats qui le précèdent. Disposée en arrière, une batterie envoie ses volées par-des-
sus nos têtes. « C'est le brutal français ; les
enfants, soyez sans inquiétude ! » Et les mobiles du Puy-de-Dôme manœuvrent sous le
feu ennemi avec le sang-froid et la solidité de
vieilles troupes. Par divers mouvements, or-
donnés à propos et avec une grande présence
d'esprit, M. de Molen nous évite des pertes
inutiles. Nous avons néanmoins deux hommes
tués et quelques blessés, parmi lesquels
M. Croze, adjudant du bataillon de Clermont.

Pendant ce temps, l'autre moitié des troupes du général Peitavin occupe sans résistance
le château de Grand-Luz, et se dirige ensuite
vers Coulmiers.

Sur la gauche, les troupes du général
Barry, un instant arrêtées par l'artillerie prussienne, arrivent vers 2 heures 1/2 à Coulmiers, devant lequel se trouvent déjà les tirailleurs du général Peitavin. Ces tirailleurs
et ceux du général Barry pénètrent de vive

force dans les jardins et le bois au sud de
Coulmiers, mais ne peuvent se rendre maîtres du village. L'ennemi a accumulé là
une grande partie de ses forces et de ses canons, pour protéger la retraite de sa gauche
fortement compromise. Le général en chef
appelle alors le général Daries et la réserve
d'artillerie. Cette dernière se met en batterie
à hauteur du Grand-Luz et, après une vio-
lente canonnade de plus d'une demi-heure,
éteint le feu prussien. Nos tirailleurs repren-
nent l'offensive. Le 7ᵉ bataillon de chasseurs
de marche, le 31ᵉ régiment de marche, le
22ᵉ régiment de mobile se précipitent à l'assaut avec un élan irrésistible. Le village de
Coulmiers est emporté, malgré une résistance furieuse.

En même temps, une partie des troupes
du contre amiral Jauréguiberry traverse
Charsonville et Epieds, et se trouve assaillie
par une grêle d'obus devant Cheminiers.
C'est l'heure où le général Reyau prévient le
général Chanzy que sa cavalerie a rencontré
une résistance sérieuse, que son artillerie
grandement éprouvée n'a plus de munitions,
et qu'il doit se retirer. Le général Chanzy

porte aussitôt ses réserves dans la direction de St-Sigismond et de Gémigny, d'où part un feu très-vif. A force d'énergie, le contre-amiral Jauréguiberry maintient ses positions. Le 37ᵉ de marche et le 33ᵉ de mobile sont cruellement décimés, mais finissent par rester maîtres des villages de Champ et d'Ormeteau, après les avoir pris et repris deux fois. L'ennemi, vaincu, opère sa retraite en désordre.

A 5 heures, la bataille est gagnée sur toute la ligne. L'artillerie a fait merveille. Nos pertes, assez sensibles, s'élèvent à 2,000 hommes.

Le 32ᵉ de mobile campe en avant du château de la Renardière. A une petite distance, sur la droite, une magnifique ferme achève de brûler. Les Prussiens y ont mis le feu en fuyant, et l'incendie nous éclaire.

Notre succès est complet. La pluie, qui se met à tomber sur le soir, et un retard regrettable dans l'arrivée de la cavalerie ne nous permettent pas de poursuivre notre avantage. Peut-être aurions-nous pu envelopper et prendre le corps entier du baron de Thann. Quoi qu'il en soit, dans les journées des 7, 9 et 10 novembre, l'ennemi perd 10,000 hommes et laisse entre nos mains 2 canons, plus de 2,000 prisonniers, sans compter les blessés, et une grande quantité de munitions et de bagages.

L'armée de la Loire refoule les corps prussiens qui s'échelonnent de Châteaudun à Orléans, en obliquant à droite, de manière à tourner cette dernière ville et à donner la main à un corps de cavalerie devant venir des environs de Montargis. L'ennemi est obligé d'évacuer non-seulement tous les postes retranchés qu'il occupe derrière la Mauve, mais encore d'abandonner en toute hâte Orléans et de se retirer en désordre sur Arthenay par Saint-Péravy et Patay.

———

CHAPITRE VIII.

——

——

Il est impossible de rendre l'ivresse et le légitime orgueil d'un premier succès. On se serre la main ; on se félicite, en racontant bruyamment les épisodes de la bataille. Personne n'a tremblé, soyez-en sûrs à l'avance. Nous contemplons avec indifférence les ruines fumantes des maisons, les murs croulants et percés à jour, les toits défoncés. On éprouve peu d'émotion à regarder les morts étendus dans des mares de sang : ils n'ont

4.

rien de repoussant. Qui détourne la tête
pour ne point voir ce vieux sapeur du 16e,
frappé d'une balle au front et étendu dans la
position d'un homme reposant sur le coude?
Voyez-vous ce manteau sombre qu'un artil-
leur soulève là-bas d'une main peu rassurée?
Et ce jeune chasseur imberbe, tombé roide
sur le bord du ruisseau. Il semble dormir;
un de ses frères d'armes veille auprès de lui.
Et ceux-ci et ceux-là, et les autres, tous immobiles, glacés, une heure plutôt joyeux et
pleins de vie. Qu'importe; c'est le sort des
combats : aujourd'hui l'un, demain l'autre.
Un sentiment domine : le vif désir de poursuivre l'ennemi sans relâche.

Le soir de la bataille, nous avons reçu
l'ordre d'être prêts à 4 heures du matin (10
novembre) ; mais le mauvais temps change
les dispositions de nos chefs : à 10 heures
seulement, nous nous mettons en marche.
Une pluie froide nous fouette le visage; on
est tout transis. Nous avançons péniblement
dans des terres de labour. Le sol détrempé,
piétiné, forme une bouillie, dans laquelle on
enfonce jusqu'à mi-jambe. Quatre Lapins-
Bleus, n'ayant plus de chaussures, envelop-

pent leurs pieds meurtris avec des morceaux
de toile de tente ; ils suivent en grinçant des
dents, mais refusent de rester en arrière et
d'abandonner leur poste, tant chacun est con-
vaincu d'aller droit à Paris : on est élec-
trisé.

Nous laissons à gauche le château de Luz,
et, gagnant la route couverte d'une boue li-
quide, nous traversons Coulmiers. Le bourg
a énormément souffert ; quelques débris fu-
ment encore. Çà et là, on rencontre des tués,
la plupart cruellement mutilés. Derrière cette
haie, un mobile et un Prussien sont étendus
vis-à-vis l'un de l'autre, gardant sur leurs
faces, pour ainsi dire toujours vivantes, l'em-
preinte de l'exaltation de la lutte, de la fière et
mâle énergie du combat à outrance. Elle est
belle et brillante, la mort trouvée sur le champ
de bataille : une auréole lumineuse l'envi-
ronne. Le sang coule, l'existence est enlevée
au milieu d'émotions puissantes et sans nom,
de joies enivrantes, terribles, qui impriment
au front je ne sais quel rayonnement surhu-
main.

Bientôt la pluie se transforme en neige.
Nous arrivons grelottants et mouillés à la ferme

de Lescure, sur la rive droite de la route d'Orléans, à environ 15 kilomètres de cette ville. Nous restons là 2 jours pour nous reposer.

Le 12 novembre, après une étape de 3 kilomètres, nous venons planter nos tentes dans les bois de Bucy-Saint-Liphard, à une petite distance du village. Le lendemain, dimanche de la dédicace, M. Chardon, supérieur de la mission diocésaine de Clermont-Ferrand, venu avec ses missionnaires transformés en infirmiers pour le service de l'ambulance du Puy-de-Dôme, M. Chardon, aujourd'hui vicaire général, célèbre la messe au milieu du camp; il est assisté de M. l'abbé Bellaigue de Bughas, aumônier de Clermont.

Un autel rustique, arrangé entre deux arbres, se dresse en plein air. Les sapins élancés composent les colonnes du temple; le ciel bleu sert de voûte; le soleil resplendit comme un lustre éclatant, ses rayons brillent à travers les branches. Officiers et soldats forment un grand cercle. Le silence est profond. Le prêtre se tient debout devant le Christ. Les bras étendus, les yeux levés en haut, il invoque l'Éternel et appelle sa bénédiction sur les têtes qui s'inclinent. Un piquet d'honneur présente les armes. Pour plusieurs, n'est-ce pas là une messe des morts? Il faut revenir de la bataille et s'attendre à combattre demain pour comprendre le grave et religieux recueillement d'une messe en campagne. A ce moment, il m'en souvient, le vent apportait à nos oreilles les accords voilés de la musique du seizième, installé à notre droite, de l'autre côté de la route. Cette musique jouait les morceaux les plus gais, les plus entraînants de la *Grande-Duchesse.* Quel contraste!

La température s'est adoucie. Les soirées s'écoulent agréablement. Pressés autour de la flamme odorante et joyeuse du sapin, les mobiles devisent avec une gaité communicative ou font retentir les profondeurs des bois du fameux chant du bivouac :

> Fils de Brennus, chef des Gaules,
> Nous ne craignons rien, sinon
> Que le ciel brisant ses pôles,
> S'écroule sur notre front.
>
>> Souviens-toi de ton pays,
>> Et dans le combat redis,
>> Et hop! hop! hop! hop!
>> Amis, courons au galop! } *bis*

A 6 heures du matin, les harmonies guerrières de la Diane nous réveillent doucement.
C'est comme un ressouvenir de la poësie des
âges héroïques.

Le 17 novembre, nous quittons Bucy Saint-
Liphard. Au delà des Ormes, à l'embranchement des deux voies, au lieu de continuer
vers Orléans, nous tournons à gauche pour
gagner la forêt de Cercottes. Nous dévelop-
pons notre front de bataille de manière à
camper sur la lisière et dans l'intérieur des
bois, en épousant leurs contours, face à l'ouest.
Les haches respectent une bordure de taillis
d'une largeur moyenne de 2 mètres : c'est
le rideau déstiné à dissimuler notre présence
à l'ennemi. Nous y ménageons de petits sen-
tiers de fuite, après avoir nettoyé en arrière
la place nécessaire à l'installation des tentes et
des faisceaux.

CHAPITRE IX.

Les Prussiens sont là. Les deux armées
s'observent et manœuvrent en présence l'une
de l'autre. Il faut dès lors redoubler de sur-
veillance : les sonneries sont suspendues et
les feux doivent s'éteindre avec le jour ; mais
la prudence n'est pas la qualité dominante du
Français. Nous nous habituons trop vite à
l'idée du danger et nous finissons par nous
endormir dans une confiance excessive. Notre
légèreté et notre insouciance ont amené, dans
cette malheureuse guerre, de nombreuses

surprises préparées par les espions intelligents et les éclaireurs déterminés de l'ennemi. Nous ne savons d'ailleurs ni nous garder, ni faire des reconnaissances : nos éclaireurs renseignent mal ou point ; nos espions volent notre argent et nous vendent. C'est pourquoi, bien avisée et fort clairvoyante en cela, la délégation rend un excellent décret par lequel tout chef de corps ou de détachement, qui se laisse surprendre, devient passible d'un conseil de guerre. On peut être vaincu, on ne doit jamais être surpris. Mais s'il suffit d'un trait de plume pour signer un décret, il n'est guères facile d'assurer son exécution immédiate et rigoureuse.

Le 21 novembre, nous abandonnons nos premiers postes ; formés en colonnes par division, nous nous portons à 600 mètres en avant de la forêt, sur une pente découverte. Il est dix heures et demie ; nous sommes en bataille, car on s'attend à une attaque. On forme les faisceaux, on pose les sacs à terre et l'on reste en expectative jusqu'à 2 heures du soir : on campe alors. Vers 4 heures, une pluie torrentielle inonde nos tentes, ce qui nous oblige à coucher dans l'eau et la boue.

Le lendemain, la compagnie des Lapins-Bleus est détachée à Boulay, avec ordre de défendre à outrance le village occupé déjà par une batterie d'artillerie et une compagnie des mobiles de la Gironde. Il fait un temps affreux. Nous arrivons trempés jusqu'aux os, et nous restons encore plus d'une heure exposés à l'averse, avant de trouver un cantonnement convenable. Grâce à l'intervention du maire, nous nous installons dans une grande ferme, de facile défense, entourée de murs, et protégeant la face orientale de l'endroit. Les Prussiens y ont séjourné, comme le témoignent les dépouilles des bestiaux abattus sous le hangard, et les débris qui infestent la cour. Les habitants nous accueillent par force avec une mauvaise grâce irritante. Certains d'être ménagés par des Français, ils ne cachent point leur humeur et avouent qu'ils préféreraient loger l'ennemi. Nous casons néanmoins passablement la compagnie dans les granges et les écuries.

Un vieux, ridé, vient s'asseoir, sans façon, dans notre chambre, au coin de la cheminée. Il s'invite lui-même, hume notre cuisine, boit notre vin, écoute tête basse nos conver-

5

sations, fait le sourd, mais entend fort bien
ce que je lui dis pour le mettre à la porte. Il
s'éloigne alors furieux et gesticulant, ose
vanter la courtoisie du chef prussien qui l'a,
dit-il, longuement interrogé et même admis
à un copieux repas. Jour de ma vie ! Comme
j'aurais voulu le voir fusiller, ce vieux-là !
Bref, par frayeur du retour de l'ennemi, on
refuse de nous vendre des vivres ; on préfère
les garder pour les offrir aux Allemands et
être épargné d'eux. C'est la conséquence du
vandalisme systématique adopté par Bismarck
et destiné à rendre les soldats français plus
étrangers dans leur pays que l'envahisseur
lui-même. La terreur de la ruine, une terreur
contagieuse et fatale, s'est emparée des cœurs
et étouffe le patriotisme. Nos généraux,
d'ailleurs, respectent beaucoup trop les villes
et les lieux habités. Leurs plans s'en ressen-
tent ; ils manquent de hardiesse et de cette
audace qui fixe parfois la fortune. Pour éviter
un désastre, ne vaut-il pas mieux faire la
part du feu ? Pourquoi ne pas imiter l'héroïsme, barbare si l'on veut, mais national et
judicieux, des Russes en 1813 : faire le désert devant l'ennemi ? Les Prussiens ont pro-

fité grandement de ces dispositions. Dans les
villes ouvertes, lorsque nous reculons devant
la rude nécessité de les sacrifier, eux tirent
de préférence sur les habitants, les ambulances, les édifices, afin de troubler le soldat,
amollir son courage par l'épouvante munici-
pale et décider ainsi la reddition immédiate.

Le soir de notre installation à Boulay,
M. le supérieur Chardon et M. l'abbé Bellaigue, viennent nous rendre visite. Ils entourent les Lapins-Bleus, les séduisent par leurs
façons aimables, les enlèvent. Tous y passent et règlent les affaires de leur conscience.
N'en déplaise aux incrédules et aux esprits
forts, soit que l'on cède à des suggestions
honorables, soit que l'on obéisse à ses propres convictions, l'accomplissement du devoir
religieux est un réconfort moral. Il fait rentrer en soi-même et inspire merveilleusement
la bravoure, en préparant au grand voyage
d'outre-tombe. M. Chardon écrit au curé de
St-Gervais pour lui narrer la conduite édi-
fiante des braves jeunes gens de son canton.
Quelle consolation pour les parents ! Afin de
satisfaire aux pieux désirs de ces derniers,

les curés des paroisses de St-Gervais, deux dimanches de suite, à chaque messe, donnent lecture de cette heureuse lettre, au milieu de l'attendrissement général et des larmes sans amertume de plus d'une mère.

Le 24 novembre, nous quittons précipitamment Boulay pour rejoindre notre bataillon et aller camper au-delà de Gidy, dans un bois, sur la gauche et tout près de Chevilly. A peine sommes-nous installés que le canon se fait entendre. Les tentes sont repliées et nous restons sac au dos jusqu'à 5 heures.

Le 28 et le 30, le canon gronde encore : nous sommes prêts aux éventualités. Le froid devient de plus en plus vif, et déjà la température s'abaisse jusqu'à 10 degrés au-dessous de zéro. Les hommes pourtant n'ont point de capote ; quelques-uns sont presque nus. Par bonheur, le bois ne manque point. Des chênes superbes, de la plus belle venue, tombent sous la hache, alimentent nos feux et nos brasiers.

Les nuits sont rudes et longues, sous la tente. La paille fait défaut. Des branches, quelques feuilles sèches nous garantissent mal du contact de la terre gelée. Nous nous endormons difficilement d'un sommeil péni-ble, agité de cauchemars et d'hallucinations étranges, souvent interrompu par les gémis-sements de la bise, le cri singulier des oiseaux de passage, parfois un vol de pigeons voya-geurs apportant sans doute des nouvelles de Paris. On se réveille en sursaut ; on est glacé. Il faut se lever, courir, essayer de rappeler dans les membres engourdis une chaleur rebelle. Les toiles de tente se couvrent à l'in-térieur de cristaux, qui pendent comme de petites stalactites.

Dans la nuit du 30 novembre au 1er dé-cembre, vers 10 heures, le camp est mis sur pied par une fausse alerte. Un coup de feu a été tiré aux avant-postes. L'ennemi, dit-on, tente une attaque. On laisse les tentes et les sacs, on saute sur les fusils. Les hommes, à demi éveillés, entendent peu, obéissent mal. Les premiers moments sont pleins d'hésita-tion et de désordre ; on ne sait de quel côté faire face. Les jeunes troupes manquent gé-néralement de sang-froid et de présence d'esprit, dans des circonstances où les vieux soldats eux-mêmes perdent une partie de leur

aplomb. La deuxième section des Lapins-
Bleus, sous la conduite du lieutenant Parry,
est laissée à la garde du campement. Le reste
du bataillon est disposé en tirailleurs dans
les fossés et derrière les plis du terrain.
L'instant est solennel, plein d'émotion. Le
silence règne, à peine interrompu par l-
ques ordres à voix étouffée...... Ma ce
n'est rien. A minuit, le camp redort profon-
dément. Le pas sourd et régulier des senti-
nelles frappe seul le sol durci par le froid.

CHAPITRE X.

———

———

Les abords d'Orléans, centre des opérations de l'armée de la Loire, ont été mis en état de défense. Une seconde ligne est tracée à peu de distance sur un développement de onze kilomètres. 85 pièces de marine, venues de Rochefort, sont placées en batteries; leur service est confié à 600 marins.

L'armée de la Loire forme elle-même un arc de cercle autour de la forêt d'Orléans. A l'extrême gauche, le 17ᵉ corps, commandé

par le général de Sonis, est placé en flèche
vers Châteaudun, dans une position avancée
fort périlleuse. Le 16ᵉ corps, sous les ordres
du général Chanzy, forme l'aile gauche. Le 15ᵉ
corps, sous Martin des Pallières, est au centre
avec le quartier général. L'aile droite est
composée du 20ᵉ corps que commande le
général Crouzat, appelé de Chagny ; enfin,
le 18ᵉ, confié à Bourbaki, se trouve à l'extrême droite, sur les limites de la forêt de
Gien, en face de Montargis.

L'ennemi, trois fois plus nombreux, décrit
autour de nous un arc concentrique avec
Frédéric-Charles à gauche, le baron de Thann
et les Bavarois au centre, le grand duc de
Mecklembourg-Schwerin à droite.

Dans cette position, eu égard surtout à
l'énorme différence numérique des deux
armées (140,000 hommes contre 370,000),
l'offensive, si favorable à la concentration des
forces prussiennes et à l'exécution de leur
mouvement tournant, doit être funeste de
notre part. En prenant l'offensive, l'armée
française, en effet, encore peu condensée et
beaucoup trop inférieure, doit s'affaiblir au
fur et à mesure qu'elle s'éloigne de sa base

d'opérations, perdre l'avantage de fortes positions défensives étudiées à l'avance, et se disloquer aisément. Une marche en avant ne peut que lui enlever, sans compensation, la faculté d'agir avec ensemble, en l'obligeant à développer outre mesure son front de bataille.

Le général d'Aurelles se tient sur une prudente expectative et cherche à attirer les Prussiens dans les lignes préparées autour d'Orléans, sous le feu des pièces de marine : il résiste sagement à l'impatience, légitime il est vrai, du ministre de la guerre qui le presse d'agir. De son côté, l'ennemi veut nous attirer sur son terrain ; il opère de grands mouvements de troupes vers sa droite, comme s'il dégarnissait sa gauche, ce qui détermine le général d'Aurelles à faire une tentative sur ce point. C'est le combat de Beaune-la-Rollande, livré par le 18e corps, et qui reste indécis (29 novembre).

Après cette affaire, l'armée allemande, selon sa tactique habituelle, fait un pas en arrière, comme pour nous engager à quitter nos positions, et, coïncidence remarquable, la fausse nouvelle d'une sortie victorieuse des

5.

Parisiens arrive, sur ces entrefaites, à Tours. Gambetta, s'imaginant que l'armée de Ducrot est à Longjumeau, intime au général en chef de l'armée de la Loire l'ordre de marcher sur Paris.

Le 1er décembre, la gauche française s'ébranle en conséquence, et rencontre un corps Bavarois solidement établi au-delà de Patay, entre Guillonville et Terminiers. Nos troupes enlèvent ces positions, ainsi que celles de Bourneville, Varize, Villepion, Faverolles. Mais l'ennemi semble plutôt vouloir nous entraîner loin d'Orléans.

Le lendemain, en effet, le 17e et le 16e corps sont attaqués, dans les positions qu'ils croyaient conquises la veille, par des forces très-supérieures et une artillerie formidable.

Le 17e corps, privé bientôt de direction par la perte du général de Sonis, blessé à la cuisse, cède à la pression des colonnes allemandes, et, pour ne pas être coupé, se retire en échelons. Le 16e corps résiste, avec différentes alternatives, jusqu'à 4 heures du soir, aux masses croissantes qui l'écrasent, et finit par être mis en déroute. C'est ce que les

Allemands nomment la victoire de Bazoches-en-Dunois : 17 canons restent entre leurs mains. (Télégramme du roi Guillaume.)

Le même jour (2 décembre), le 15ᵉ corps, campé dans la forêt de Cercottes, se porte en avant sur la route de Paris; notre régiment fait partie de la troisième division, général Peitavin.

Dès 6 heures du matin, nous sommes sac au dos. Les 2ᵉ, 3ᵉ et 4ᵉ compagnies de Riom et partie d'Issoire ont été détachées à Gidy, pour garder les pièces de marine. Il gèle très-fort. Nous attendons sur la lisière des bois que l'artillerie, la cavalerie et quelques troupes de ligne aient défilé. A 9 heures, les 1ᵉʳ, 6ᵉ, 7ᵉ et 8ᵉ compagnies de Riom, suivies du bataillon de Clermont, se mettent en marche. Contournant le village de Chevilly, nous nous disposons en colonnes par peloton, et nous avançons à travers champs, entre le chemin de fer à droite et la route à gauche.

Après avoir traversé Arthenay vers midi, nous nous formons au-delà en colonnes par division; le 16ᵉ de ligne nous précède. A notre droite est le bourg de Ruan, sur lequel se dirige la 2ᵉ division de notre corps. Arrivés au-dessus de Dambron, nous nous arrêtons un instant en face de ce village. Sur notre gauche, de grands mouvements de troupe ont lieu. Des cavaliers vont reconnaître les bois qui s'étendent de Dambron à Poupry. D'immenses colonnes de fumée s'élèvent dans la direction de Baignaux et de Santilly-le-Moutier. Le vent souffle du Nord-Est.

A une heure et demie, le canon tonne sur toute la ligne. Nous opérons alors une conversion à gauche et nous nous trouvons engagés. Le 16ᵉ de ligne et le 33ᵉ de marche abordent les bois de Dambron-Poupry; mais l'ennemi dirige un feu terrible sur eux et cherche à déborder notre droite. Devant nous, à 60 mètres environ, une batterie lance ses volées par dessus une crête de terrain, qui lui sert d'épaulement, et foudroie la gauche prussienne pour l'empêcher d'avancer. Les 1ᵉʳ et 6ᵉ compagnies du bataillon, sous les ordres du capitaine Gouttenoire, se sont disposées en soutien de cette artillerie dans des tranchées-abri et les fossés d'un chemin de grande communication. Les 7ᵉ et 8ᵉ compagnies (Riom et Saint-Gervais), commandées par le capitaine Biélawski, se trouvent alors tête de colonne. Après un petit mouvement par le flanc droit, nous revenons face en bataille. Nous sommes à portée du fusil à aiguille, car 2 hommes sont déjà blessés par des balles. Calme, intrépide, quoique malade et cruellement tourmenté par ses rhumatismes, M. de Molen dirige nos mouvements. Le général Peitavin est à une courte distance derrière nous, entouré de son état-major et observant de son cheval les phases de l'action.

Vers trois heures du soir, le colonel de la Cottière accourt au galop près du général Peitavin et lui demande un prompt renfort pour soutenir les tirailleurs avancés du 16e et secourir le 33e de marche, serré de près par l'ennemi. Le capitaine Biélawski est désigné. Il marche en tête des 7e et 8e compagnies, les enlève au pas gymnastique et au cri de « vive la France! », les lance le long d'une pente découverte, pénètre dans les bois, dispose ses hommes en tirailleurs et les fait coucher. Nous nous trouvons comme au milieu d'une tourmente de fer. Le feu de l'ennemi est très-vif. Les balles sifflent, la mitraille hache les arbres : nous sommes rapidement couverts d'une nappe de petites branches coupées ; mais nous ne restons guère dans l'inaction.

Le capitaine Biélawski est debout. Il nous fait lever : « En avant et à la baïonnette! » Une balle lui traverse la jambe droite, mais l'élan est donné. Conduits alors par leurs officiers, MM. Parry et Hébrard, lieutenants, Arnaud et Malbet, sous-lieutenants, les mobiles du Puy-de-Dôme fournissent une charge brillante, contribuent à dégager le 33ᵉ et, mêlés aux tirailleurs du 16ᵉ, refoulent l'ennemi en perdant vingt-trois hommes. Le lieutenant Parry, Symphorien, qui commande la division privée de son capitaine mis hors de combat, se distingue par son sang-froid intrépide; le sergent Saby, de la 8ᵉ, le seconde énergiquement ; le sergent Camille Parra, de la 7ᵉ, reçoit deux blessures en faisant bravement son devoir. Les enfants de Riom et les Lapins-Bleus de Saint-Gervais se battent vaillamment.

Au retour, nous passons devant un régiment de cuirassiers placé en observation sur la lisière des bois. Témoins de notre valeur, les cavaliers agitent leurs sabres en criant:

« Vivent les moblots du Puy-de-Dôme! vive le 32ᵉ de mobile! » Et cela fait courir dans les veines je ne sais quel frisson de mâle fierté, et les blessés se redressent pour répondre : « Vive la France! »

A notre gauche, 2 compagnies d'Issoire, commandées par le capitaine Fabry, se sont conduites non moins bravement et ont éprouvé des pertes sensibles. Enfin, nous sommes vainqueurs. Mais, au milieu d'une action, on ne voit que ce qui se passe devant soi.

Dans une grande ferme de Dambron, sur laquelle flotte le drapeau de la convention de Genève, un certain nombre de blessés de notre division (plus de 300) sont réunis et se réjouissent du succès. Nous oublions nos souffrances dans le sentiment d'une sorte de jalousie pour nos frères d'armes plus heureux, et que notre imagination fiévreuse nous montre couverts des lauriers d'une entrée triomphale à Paris. Ah! pour lors, quelle amère tristesse de se voir étendus, impuissants, sur une litière ensanglantée !..... Nous ignorons encore la défaite des 17ᵉ et 16ᵉ corps, nous ignorons que notre extrême gauche a dû fléchir par suite au point de jonction. Nos flancs sont découverts ; il faut en toute hâte regagner Arthenay.

Le lendemain (3 décembre), les ambulances et notre division, qui ont couché à Arthenay, évacuent le bourg pour se replier sur Chevilly dans les lignes de Gidy.

La 2ᵉ division du 15ᵉ corps défend le terrain pied à pied. L'ennemi amène sans cesse des batteries plus nombreuses et cherche à déborder. Les pièces de marine de Chevilly l'arrêtent longtemps dans les bois d'Harblay Les troupes se retirent lentement et en bon ordre. De 8 heures du matin à 7 heures du soir, le canon tonne avec fureur. Le champ de bataille est horrible. Des deux côtés, les pertes sont considérables. Les batteries de Gidy, Huêtre, la Provenchère, occupées par la division Peitavin, tiennent les Allemands en respect. Grâce à elles, la 2ᵉ division n'est plus inquiétée dans sa retraite ; mais, à la nuit, il lui devient impossible de résister davantage. Son artillerie de réserve se replie au galop en arrière de Chevilly ; les marins reçoivent l'ordre d'enclouer leurs pièces et de faire sauter leurs poudres. Les Allemands donnent à cette affaire le nom de victoire de

Chevilly ; ils signalent la prise de deux canons (Télégramme du roi Guillaume).

A l'aile droite, le 20ᵉ corps, général Crou-zat, qui avait d'abord chassé les Prussiens jusqu'au-delà de Pithiviers, est arrêté dans sa marche, puis refoulé sur Chilleurs et la forêt d'Orléans, dans laquelle l'ennemi parvient à pénétrer.

Le 32ᵉ mobile, après avoir erré tout le jour dans les bois, en attendant l'ennemi, reçoit l'ordre de venir camper près de Gidy. Le temps s'est un peu adouci. Une pluie glaciale tombe lentement. Les hommes épuisés, grelottants, couchent dans la boue sans avoir rien mangé depuis 24 heures. Quelle nuit !

Dès la pointe du jour (4 décembre), le canon recommence à gronder sans relâche. C'est un fracas d'enfer. Le froid est des plus rigoureux. Notre division se retire sur Orléans (9 heures du m.) ; la batterie de marine encloue ses pièces. Le 32ᵉ passe par Saran, rentre dans la ville vers midi, se forme en bataille sur la place du Martroy, et attend des ordres qui n'arrivent point.

De son côté, la 2ᵉ division de notre corps se retire en échelons de manière à ne rentrer à

Orléans que vers 3 heures du soir. Les colonnes prussiennes, précédées d'une artillerie
formidable, s'avancent fatalement. L'ennemi
tourne bientôt par la droite et oblige cette
division à se replier en désordre sur le faubourg Bannier, où une barricade, construite
avec des pavés, forme un rempart très-
efficace.

Vers 2 heures, le 32e est allé occuper les
abords de la gare et se trouve disposé dans
les tranchées-abri, ouvertes autour de la ville.
Les batteries qu'il doit soutenir sont au-dessus de lui et ouvrent leur feu pour retarder
la marche de l'ennemi. Les Prussiens y ré-
pondent vigoureusement; leurs obus arrivent
sur nos pièces avec une précision désespé-
rante; quelques-uns, tirés court, éclatent sur
nous, tuent plusieurs hommes, parmi lesquels
le sergent Bardin, les mobiles Rouchonat et
Martin Charles, et en blessent un plus grand
nombre. La résistance est inutile; on la prolonge néanmoins, car il faut que l'Allemand
paie cher sa victoire; mais les Français sont
en pleine déroute.

Orléans représente un vaste rond-point où
viennent aboutir nos corps d'armée qui s'y

engouffrent, se heurtent, se confondent dans un désordre indescriptible. Il n'y a plus de direction ni de commandement ; les généraux sont invisibles. La panique secoue cette mer humaine, dont les flots confondus refluent violemment sous l'irrésistible poussée des masses allemandes.

Sur les 8 heures du soir, les Prussiens font une grande démonstration et cherchent à pénétrer en ville par le faubourg Bannier. Leur immense hurrah court le long de la tranchée, et passe sur les têtes comme un souffle de terreur. La nuit est sombre. Les soldats affolés tirent au hasard, la première ligne parfois sur la seconde. Cette fusillade insensée s'apaise enfin ; un calme funèbre succède au tumulte.

Il est 10 heures. Frédéric-Charles envoie un parlementaire qui promet de bombarder et de détruire la ville, si elle n'est rendue dans 2 heures. L'on cède devant cette menace, et l'armée reçoit l'ordre de battre en retraite sur la Ferté.

Les mobiles de Riom sont toujours dans les tranchées : on les y oublie. Inquiets du grand silence que rien ne trouble plus, deux capitaines montent à la batterie pour s'éclairer sur la situation : les pièces sont enclouées, les projectiles noyés, les marins disparus. Le désert est là. Un commandant de zouaves, qui passe fortuitement, leur apprend en peu de mots ce qui arrive. Orléans est évacué ; les Allemands s'avancent sur la ville. Il faut fuir pour ne pas être pris.

Vaincus par le besoin et la fatigue, les mobiles sont tombés dans un sommeil profond. Debout ! debout ! mais comme il est difficile de se relever lorsqu'on est harassé, mourant de faim, rompu par les émotions terribles de 3 mortelles journées. Cela ne suffit pas ; il faut encore lutter contre le sommeil et faire un dernier effort. En avant ! en avant ! Plus vite encore ! Minuit va bientôt sonner. Quelle angoisse ! C'est comme dans la ballade de Lénore : les hommes délirants, engourdis, se hâtent et précipitent leur course somnolente. On traverse Orléans. La ville, muette, est plongée dans les ténèbres : c'est lugubre, on dirait une vaste nécropole. Pas une lumière aux croisées, pas un être vivant dans les longues rues noires et silencieuses. En avant ! en avant ! entendez-vous résonner là-bas le bruit sourd et cadencé de la marche des Prussiens? Il n'y a pas une minute à perdre. Les mobiles de Riom sont les derniers en ville.

CHAPITRE XI.

—

—

L'armée française, complétement battue, est encore une fois rejetée loin d'Orléans; mais on ne peut dire qu'il y ait eu une grande action générale. Dans leur effort maximum pour marcher en avant, sur les ordres formels du ministre de la guerre, nos corps, privés de liaison par la nature même de leur

(1) Notes du capitaine Renard, du lieutenant Parry, de l'abbé Chassaigne. — Souvenirs d'un capitaine de mobile. — Semaine religieuse de Clermont-Ferrand.

mouvement, viennent se briser un à un contre les masses énormes que les Prussiens
concentrent avec rapidité par des marches
de nuit. C'est un fleuve, refoulé d'abord par
un courant contraire, mais dont les flots gros-
sis redescendent bientôt par leur propre poids,
inondent et renversent forcément tout sur leur
passage.

L'artillerie joue le plus grand rôle dans
les affaires d'Orléans. Le temps favorise une
arme avec laquelle l'ennemi possède déjà
sur nous une supériorité écrasante. Le terrain,
durci par la gelée, facilite le prompt transport des pièces et fait éclater les obus. L'habile de Moltke en profite pour démolir nos
colonnes à coups de canon, les assiéger en
quelque sorte de loin, rendre inutile la supériorité du chassepot sur le fusil à aiguille,
très-difficile l'emploi des mitrailleuses et l'a-
bordage à la baïonnette.

Sous tous les points de vue, eu égard surtout à sa faiblesse numérique et à son organisation à peine ébauchée, l'armée de la
Loire n'était pas en état de prendre l'offensive. Les nouvelles trompeuses de Paris et
les généreuses illusions d'un patriotisme ar-

dent déterminent Gambetta à prendre des résolutions peu mûries ; mais les fautes commises par lui sont les conséquences inévitables de la situation extraordinaire faite au pays par l'empire.

Le jeune ministre de la guerre, plein d'activité et d'énergie, n'a point sans doute toutes les connaissances spéciales nécessaires à la conduite d'une guerre exceptionnelle, où le génie d'un homme seul est incapable de suppléer au manque de ressources sérieuses. Privé d'expérience militaire, pressé par les événements, il ne peut en imposer à de vieux généraux blanchis dans les camps, ni saisir le moment psychologique de mouvoir efficacement une armée de jeunes recrues encore novices ; il ne peut ni tout prévoir, ni tout administrer par lui-même et, en cela, il est très-mal secondé. On doit lui reprocher toutefois la disgrâce irréfléchie de chefs choisis par lui et punis de n'avoir pu être heureux dans l'exécution de ses plans.

Le vainqueur agit, d'autre part, pour tromper, intimider, gagner la presse européenne. La police allemande enveloppe la France d'une atmosphère de mensonge. Elle prépare la panique militaire par un flux et reflux de dépêches contradictoires, fausses ou tout au moins exagérées. Nous sommes ballottés par des alternatives de radieuse espérance et de complet découragement, ce qui achève de nous énerver et de nous abattre.

Abusant des libertés qu'on lui laisse, le journalisme français contribue à entretenir cet état de fièvre et de désordre, voyant partout des trahisons ou des lâchetés, condamnant sans retour soldats et généraux. A la piste de nouvelles à sensation, d'actualités palpitantes qui font vendre le papier, le journalisme publie tout sans discernement, va raconter à l'ennemi les dispositions de nos troupes et le fait, pour ainsi dire, assister à nos conseils de guerre.

Mais ce ne sont là que les causes secondaires, engendrées par la défaite même et une succession inouïe de malheurs. Si nous sommes battus, c'est que nous sommes pris au dépourvu. Tout manque à la fois : le nombre et la qualité ; l'engin et l'art stratégique ; le temps, la mesure et jusqu'à la possibilité de vaincre. C'est déjà beaucoup,

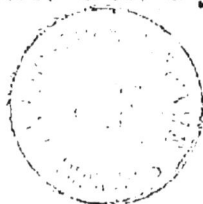

6

beaucoup que de lutter, que d'opposer une résistance héroïque, surhumaine. La France est battue ; mais il est merveilleux de la voir avec de jeunes légions si novices, mal vêtues, à peine nourries, presque pas exercées, retarder et entraver de grandes armées aguerries, les corps permanents de la Prusse et ce déluge d'un million et demi d'hommes que l'Allemagne lance sur elle. Que les mobiles, sortant de la charrue, de l'atelier, du comptoir, des bureaux ou de l'étude, aient marché contre ce monde de guerre, qu'ils aient eu des revers, cela même est admirable. Ils ont fait beaucoup plus que l'on était en droit de leur demander (Michelet).

L'armée française est coupée en deux. La première partie, ralliée sous les ordres de Chanzy, va former une seconde armée de la Loire ; la deuxième précipite sa retraite sur Vierzon. Quelle cohue !

Les routes sont tellement encombrées qu'il faut plus d'une heure pour faire un kilomètre. Cavaliers, artilleurs, fantassins, chevaux et bestiaux s'agitent pêle-mêle dans la plus étrange confusion. Les canons, les voitures, les tringlots, interminable convoi, coupent

brutalement à travers l'immense troupeau.
C'est une scène indescriptible : on se foule,
aux pieds, on se heurte les uns les autres
comme les vagues dans la tempête.

A minuit, les mobiles du Puy-de-Dôme
traversent le pont de la Loire. Des soldats du
génie y ont pratiqué une mine ; mais,
lorsqu'on veut la charger pour le faire sauter et retarder l'ennemi, on ne trouve pas de
poudre.

En avant ! En avant ! La colonne affolée
roule sur elle-même. A 8 kilomètres d'Orléans, proche Olivet, le couloir semble se
resserrer encore : la pression devient telle
que l'on s'étouffe. On dirait un affreux cauchemar. Quelques soldats, exténués de fatigue et de besoin, essayent d'allumer du feu
pour faire un peu de bouillon ou de café.
Une minute ! Une seule ! Mais le canon prussien tonne sévèrement sur les retardataires
et redonne des jambes aux plus accablés.

Vers 6 heures du matin, on s'arrête enfin
à la Ferté après 20 kilomètres de marche.
On repart à 9 heures pour gagner la Motte-
Beuvron, sur les 4 heures du soir (16 kilomètres de marche). Grâce à l'énergie du

lieutenant Symphorien Parry, qui commande désormais la compagnie, grâce aussi à leur discipline et à leur sentiment du devoir, les Lapins-Bleus ne se sont pas débandés et se trouvent au complet ; chemin faisant, ils rallient un certain nombre d'hommes appartenant aux autres compagnies du bataillon.

Le 6 décembre, on décampe de grand matin pour arriver à Salbris sur les 3 heures du soir. Il est temps de reprendre haleine. Les hommes meurent de faim et tombent de fatigue. Les nuits sont terribles : impossible de reposer, tant il fait froid. Le pain, la viande, le vin, tout est gelé. La situation n'est plus tenable.

Le lendemain, dix-sept hommes de la compagnie sont conduits au chemin de fer, afin d'être dirigés sur Gien. Leur état est déplorable. Les malheureux sont dans l'impossibilité absolue de mettre les pieds l'un devant l'autre, et supportent d'atroces souffrances. Le canon se fait entendre dans la direction de la Motte-Beuvron. Les Prussiens sont à notre poursuite, et l'on prend en toute hâte le chemin de Vierzon que l'on atteint vers minuit.

Dès 3 heures du matin, 8 décembre, le rappel se met à battre la marche de la divi-

sion : « C'est votre fille que je vous ramène »,
et chacun de repartir à qui mieux mieux.
Quelle course fantastique ! Le verglas fait
abattre les chevaux dont le plus grand nombre ne se relève plus. On traverse Mehun et
l'on vient cantonner à Saint-Doulchard, tout
proche de Bourges.

Le lendemain, on se dirige sur Lissey·
Lochy, vers 3 heures du soir. Il faut plus
d'une heure pour faire 500 mètres. La neige
ne cesse de fouetter acrement le visage. On
arrive à 8 heures, et l'on réussit à se cantonner dans l'église, les écuries et les granges, non sans peine, car les habitants sont
pleins de mauvais vouloir.

Le 12, départ à 8 heures du matin. Nous
traversons Saint-Florent-Neuville, et venons
camper à la nuit tombante, près de Sainte-
Thourette. Il dégèle, ce qui facilite un peu la
marche de l'artillerie et de la cavalerie. Une
pluie fine nous accompagne tout le long de la
route.

On retourne à Mehun le 13, et, le lendemain, on campe sur la route d'Allogny.
Les nombreux malades du régiment sont envoyés aux ambulances.

6.

Le 16, on vient camper aux Bordes, grosse ferme occupée par un bataillon de Maine-et-Loire qui nous cède la place le 17.

Le 19, nous gagnons Saint-Germain-du-Puy, village à 7 kilomètres de Bourges. Le 20, on dresse les tentes au Petit-Rousseland, pour revenir le 22 à la précédente station.

Le 23, nous allons occuper Berry-Bouy, et, le lendemain, on revient encore à Mehun. Le froid est si intense que l'on ne peut enfoncer les piquets des tentes dans la terre, aussi dure que le marbre. La saison est de plus en plus rigoureuse. Les mauvais vêtements donnés aux mobiles tombent en lambeaux. Chaque nuit, trois ou quatre malheureux s'endorment du dernier sommeil : le froid les a gelés.

Le 31, nous nous rendons dans la commune de Saint-Martin, au village des Cocus (corruption du mot Cox, nom d'une famille écossaise établie là au xvie siècle).

Le 1er janvier 1871, M. l'abbé Chassaigne célèbre la messe pour le bataillon. Le capitaine Renard et le sous-lieutenant de Lauzanne assistent notre aumônier. A l'évangile, le digne prêtre se tourne vers les mobiles de Riom et leur adresse l'allocution suivante :

« La grande fête de Noël, dont nous cé-
» lébrons aujourd'hui l'octave, nous repré-
» sente, mes amis, un homme-Dieu né dans
» une étable, couché dans une crèche, reposé
» sur un peu de paille. Et pourquoi cet état
» de pauvreté? Pour sauver le monde.
» Quand il s'agit d'accomplir de grandes
» choses, il faut toujours faire de grands sa-
» crifices. Ne vous étonnez donc plus, chers
» enfants de l'Auvergne, si, pour sauver votre
» patrie, il faut, à l'exemple de Jésus, cou-
» cher dans des réduits ouverts à tous les
» vents, reposer vos membres fatigués sur
» de la paille, supporter le froid, la faim et
» toutes sortes de privations; mais songez,
» comme le disait un célèbre général, « que
» dans cette lutte suprême nous combattons
» pour notre honneur, pour notre liberté et
» pour le salut de notre chère et malheureuse
» patrie. » Si ce mobile n'est pas suffisant
» pour enflammer votre courage, pensez aux
» malheurs qui atteindraient vos familles, si,
» dès maintenant, vous ne repoussiez l'en-
» nemi audacieux. Avec de semblables sen-
» timents, le ciel vous accordera, assurément,
» un heureux et prompt retour dans votre

» pays. C'est le souhait que je forme pour
» vous au commencement de cette année. »

Le lendemain, nous apprenons la nomina-
tion du lieutenant-colonel Horeau, ex-capi-
taine au 11me chasseurs, qui doit, par inté-
rim, commander le 32° en l'absence de M. de
Molen, fait prisonnier à Orléans. Ce jour-là,
les soldats, restés jusqu'alors dans l'incerti-
tude sur leur nouvelle destination, apprennent
avec joie qu'ils vont être envoyés à l'armée
de l'Est. Malgré nos revers, toute espérance
n'est pas encore évanouie.

Le 3 janvier, on quitte les Cocus pour venir à Mehun prendre le chemin de fer ; mais
on reçoit contre-ordre, et le régiment va se
cantonner à Foëcy. Nous ne réussissons pas
mieux à nous embarquer le 4 ; car il règne
une grande confusion à la gare.

CHAPITRE XII.

Le 5 janvier 1871, le régiment s'embarque
en chemin de fer à Mehun. Le bataillon de
Clermont part vers 10 heures du matin avec
le 33e de marche. Le train emmenant ceux
d'Issoire et de Riom s'ébranle à 6 heures du
soir seulement, et n'avance que de 2 kilomètres au delà de Bourges. On passe la nuit
sur la voie.

Le voyage dure cinq jours et six nuits (5 —
11 janvier). Quel supplice ! sans compter la

faim et le froid. Ce chemin de fer auquel il arrive de ne faire que 2 ou 3 kilomètres dans une journée, longue comme une semaine sans pain, a laissé dans l'esprit de ceux qui l'ont subi, le souvenir du plus pénible cauchemar. — Dans l'intervalle (9 janvier), le général Bourbaki, que nous allons rejoindre dans l'Est, remporte la victoire de Villersexel (Haute-Saône), à 30 kilomètres de Belfort.

Le général couche à Rougemont (Doubs), au centre du champ de bataille.

Le plan stratégique de Bourbaki, tendant à tourner les Prussiens et à dégager Belfort, pour s'en servir comme base d'opérations, est habilement conçu. Mais il faut devancer sur la Lisaine les colonnes du général Werder qui, chassé de Dijon, se trouve avoir à faire des marches longues et pénibles sur les routes des Vosges. Le succès dépend de la rapidité de l'exécution : il faut que l'armée française occupe à tout prix les positions en avant de Belfort. Mais le général de Werder est en avance de 2 jours sur le gros des forces françaises. Il gagne ensuite en vitesse Bourbaki retardé dans sa marche par l'organisation vicieuse de l'intendance, le défaut de moyens de transport et le manque de provisions. Quoique inférieur en nombre, de Werder débouche dans la plaine au nord-est de Besançon, échappe à son adversaire et réussit à s'établir derrière la Lisaine sans livrer d'autre combat que celui de Villersexel, destiné plutôt à couvrir son mouvement.

Après l'affaire de Villersexel, l'armée française met 4 jours pour franchir les 6 lieues et demie qui séparent Villersexel de Héricourt. Les soldats sont empêchés par un temps affreux, l'encombrement des voies, la neige, la privation de pain. L'ennemi en profite pour se renforcer, fortifier des positions que protège un profond ravin, sur la pente duquel il insta'le plusieurs étages de batteries casematées et garnies de pièces de 24, dont le feu balaye la rive droite de la Lisaine et foudroie à des distances énormes l'armée française, incapable de riposter avec sa faible artillerie de campagne.

Le 11 janvier, le régiment débarque à Clerval sur les 10 heures du matin; il reçoit des vivres et quelques effets. Il part ensuite pour Fontain et se rend à Gondevaud-Sous-Maubin, où les habitants se montrent très-affables et très-hospitaliers. Le froid est piquant; il y a une grande quantité de neige.

Le 12, on part pour Genet et l'on va bivouaquer dans la forêt de Faimbe. Le canon ne cesse de tonner.

Le 13, le 32ᵉ décampe pour Brétigny à 4 heures du matin. Le canon de Belfort gronde sans relâche : les Prussiens bombardent cette forteresse avec furie. A 10 heures, on se dirige sur Villersexel et Sainte-Marie, ce dernier village a été emporté à la baïonnette par les mobiles de la Charente.

Le lendemain, on quitte Sainte-Marie à 7 heures du matin; traversant Présente-Villers, nous allons occuper le Mont-Bar, montagne qui domine le village dont elle porte le nom, ainsi que celui de Dun. Les vivres manquent, le froid est cruel. On entend de plus en plus le canon de Belfort.

Après l'engagement favorable d'Arcy (12 janvier), Bourbaki exécute le 15 une attaque générale de l'armée allemande, depuis Montbéliard jusqu'au pont Vaudois, en cherchant à faire franchir la Lisaine à Bétoncourt, Basserel, Héricourt, et à s'emparer de Saint-Valbert.

Le 32ᵉ mobile passe la nuit du 14 au 15 sur le Mont-Bar, ayant à ses pieds un corps prussien occupant le village de Dun. Le 15, à 6 heures du matin, il abandonne cette position pour se porter en avant, repasse à Présente-Villers, y reçoit quelques vivres, mais s'arrête si peu que le lieutenant Malbet n'a pas le temps de recevoir les cartouches destinées au régiment et doit rester pour les attendre.

Le bataillon de Clermont est détaché à l'artillerie de réserve. Arrivé à Dun, récemment évacué, le bataillon d'Issoire contourne la montagne située en avant de Montbéliard, tandis que le bataillon de Riom poursuit sa route.

Conduit par le brave lieutenant-colonel Horeau, le bataillon de Riom se dirige alors sur Bar : il est éclairé dans sa marche par les 1ʳᵉ et 2ᵉ compagnies (capitaines Gouttenoire et Renard), déployées en tirailleurs. Le sous-lieutenant Breschard est détaché avec une section de la 1ᵉ pour attaquer l'extrême droite du village, tandis que les autres se dirigent sur le centre. L'ennemi recule et va s'abriter dans un long canal séparant le village de Bar de celui de Courcelles, et dont l'eau est gelée.

7

Les 7ᵉ et 8ᵉ compagnies restent en soutien dans Bar. Le lieutenant Parry, commandant la 8ᵉ, et le sous-lieutenant Arnaud disposent alors leurs hommes dans les maisons du village, les font monter dans les greniers et sur les toits. De là, les Lapins-Bleus dirigent un feu plongeant sur les Prussiens cachés dans le canal et leur font subir de grandes pertes : le sergent Saby, le caporal-fourrier Bertin et quelques autres, abrités derrière un mur, en abattent à eux seuls une vingtaine, qui, chassés par le feu venant des maisons, cherchent à gagner les bouquets de bois situés sur la rive gauche du canal.

A environ 400 mètres de Bar, se trouve le cimetière dans lequel un détachement ennemi se tient embusqué. La distance à franchir est complétement à découvert ; on enfonce dans la neige jusqu'aux genoux, et il faut en outre essuyer le feu des tirailleurs prussiens disposés dans le canal, parallèlement à la route. La 4ᵉ compagnie enlève le cimetière en perdant vingt-sept hommes : un certain nombre d'allemands sont tués sur les tombes mêmes.

Après avoir mis en fuite une reconnaissance de soixante Prussiens, la 2ᵉ compagnie se porte à son tour vers le cimetière pour renforcer la 4ᵉ ; dix-huit de ses hommes sont mis hors de combat. Le sous-lieutenant Gerbe est légèrement atteint à la gorge.

Cependant le lieutenant Malbet apporte des munitions, qui allaient faire défaut, et notre tir devient plus nourri. Retranché dans Bar, le bataillon de Riom tient tête à un ennemi bien supérieur en nombre. Les 2ᵉ et 4ₑ compagnies, disposées dans le cimetière, sont à peine abritées par quelques croix et de petits sapins, car la terre est à niveau du mur dans la partie haute. En face, à 500 mètres environ, une première ligne de Prussiens occupe le canal ; à 700 mètres, une deuxième ligne est protégée par le talus de la route ; enfin, à 1,000 mètres au plus, de nombreux pelotons nous fusillent des hauteurs environnantes. D'autre part, à 600 mètres sur la droite du cimetière, s'élève le village de Courcelles d'où arrive un feu meurtrier.

La 3ᵉ compagnie, capitaine Grosliers, déployée devant une tuilerie située à l'extrémité de la seule rue de Bar, répond au feu

venant de Courcelles. Deux compagnies du
34e de marche s'apprêtent à tourner le canal,
que les Prussiens décimés quittent précipitamment. Le capitaine adjudant-major de
Champrobert est cruellement blessé par une
balle au-dessous du genou gauche.

Le capitaine Grosliers reçoit l'ordre de se
porter, en avant du cimetière, auprès de la
6e compagnie, commandée par le lieutenant
de Peyramont qui montre du sang-froid et
de l'énergie.

Cependant la légion étrangère s'empare
de Ste-Suzanne et commence à inquiéter l'ennemi. Il est 3 heures du soir. Sans attendre
l'arrivée du 34e de marche, le capitaine
Grosliers s'avance auprès du lieutenant-colonel Horeau, qui est superbe de calme et d'audace, et lui propose d'enlever Courcelles
occupé par 5 à 600 Prussiens. Le vaillant
capitaine, suivi de près des sous-lieutenants
de Lauzanne et Croisier, du lieutenant Parry,
du sous-lieutenant Arnaud et de l'adjudant
Pidem, s'élance en avant, franchit le Doubs
sur un pont en bois, à peine large d'un
mètre et demi, long de cent mètres, d'une
solidité douteuse et mal étayé avec des plan-

ches pourries. Il passe comme un éclair au milieu d'une grêle de projectiles, électrise les hommes, entre dans Courcelles , force la maison principale et fait mettre bas les armes à 60 Prussiens qui s'y trouvent. Il faut alors modérer l'ardeur des fougueux Auvergnats, qui ne veulent ni quartier ni merci. Les Allemands, qui nous décimaient sans danger pour eux-mêmes , fuient de toutes parts, laissant nombre de morts et de blessés, plus 87 prisonniers. Le lieutenant de Goy est grièvement blessé à la main droite, et une balle effleure le front du lieutenant Parry.

En ce moment, la deuxième brigade arrive à Bar pour soutenir le bataillon de Riom ; voyant son concours inutile , elle en repart immédiatement. Bar et Courcelles sont à nous ; mais nous avons 11 tués (1) et 65 blessés dont 4 officiers.

Après avoir raconté les épisodes d'une affaire si glorieuse pour le bataillon de Riom,

---

(1) Chapuzet, de la 1re; Baumet, Charles; Ladan, Jean, Rossignol, Antome, de la 2e; Michel, Lucien, de la 3e; Desboutins, Pierre, caporal, Baune, Pierre; Tixier, Joseph, Chassaguette, Annet, de la 4e; Lassallas, de la 6e; Lélion, Charles.

hâtons-nous de rendre l'hommage dû à notre
aumônier volontaire, M. l'abbé Chassaigne,
Claude.

Ancien militaire, entré dans les ordres
par vocation, modeste et s'effaçant trop volontiers, pratiquant le bien sans ostentation,
M. l'abbé Chassaigne, aujourd'hui aumônier de l'hôpital général de Clermont-Ferrand, s'est conduit comme un héros et
comme un saint. Simple, presque timide, à la
fois le frère et le soutien du soldat, il a su
montrer au jour du danger le courage des
plus braves. Tous l'ont vu à Bar et à Courcelles courir à nos blessés sous le feu de
l'ennemi, en enlever à lui seul vingt et un sur
ses épaules, faire les premiers pansements en
l'absence de la faculté, consoler, assister,
recevoir le dernier soupir des mourants. Su-
blime mission ! Une balle lui effleure le bras:
un tel dévouement ne recule point devant la
mort. Le bataillon de Riom conservera toujours avec reconnaissance et fierté le souvenir
de son humble aumônier.

Le 15, l'armée de l'Est se bat tout le jour
et s'empare de Sainte-Suzanne, Bar, Courcelles, Montbéliard moins le château, Vijans,

Varey, Byans, Coisevaux, Couthevans, Cha-
gey. Malheureusement, l'aile gauche, chargée
d'exécuter un mouvement tournant pour facili-
ter le passage de la Lisaine, se trouve elle-
même attaquée, prise en flanc et obligée d'a-
bandonner ses positions.

La lutte recommence les 16 et 17, mais
en vain. L'armée française vient se briser
sur Héricourt. La situation s'aggrave le 18;
le 19, nous sommes cernés. Nous quittons
Courcelles à 3 heures 1/2 du matin dans le
plus grand silence : on bat définitivement en
retraite et l'on fait sauter tous les ponts. Le
soir, le régiment campe dans une forêt près
de Prétière.

Le temps est épouvantable. Les convois
n'arrivent point. Dans ces conditions excep-
tionnelles, le froid, la neige, le bivouac, la
faim éprouvent cruellement l'armée française.

Le 20, les hommes sont sac au dos à 7 heures et demie et prêts à partir. La neige tombe
à gros flocons. Il faut rester sur place jusqu'à
1 heure, en attendant le défilé de la 2e division qui est en retard. A 8 heures du soir,
nous bivouaquons sur la neige ; il n'y a pas
de vivres. On envoie des corvées chercher à

Clerval un peu de pain et de café; elles re-viennent à 2 heures dans la nuit.

Le 21, on décampe à 5 heures du matin et l'on vient bivouaquer dans une forêt à 2 kilo-mètres de Baume-les-Dames. Nous sommes de grand'garde le 22. Le lendemain, les troupes passent le Doubs sur un pont que l'on fait sauter. Le bataillon marche jusqu'à minuit.

Le 24, on s'ébranle à 4 heures du matin, et l'on arrive à Fontain, éloigné de 7 kilomè-tres de Besançon.

Le 25, on arrive à Chenecçay vers 11 heu-res du matin, non loin de la rivière d'Allou, sur la rive gauche de laquelle s'élève un pe-tit monticule, où l'on voit les restes d'un châ-teau qui fut habité par Louis XI. On entend de ce côté une vive fusillade.

Le 26, le canon gronde sur trois points différents, surtout dans la direction de Be-sançon. Le bataillon est de grand'garde.

Ainsi, depuis l'échec de Héricourt, on ne fait que reculer. L'armée de l'Est a été par-tagée en deux corps. L'un, sur la rive droite du Doubs, se rend à Besançon où Bourbaki s'occupe de le réorganiser; l'autre, sous les ordres du général Bressolles, franchit le Doubs à Clerval.

Dès lors, l'allemand Manteuffel exécute un mouvement général en avant, en écharpe du N.-O. au S. E. Il occupe au sud Dôle, St-Witt, Quengey, Byans, Mont-sous-Vaudrey, Mouchard, Arboy et Poligny, s'empare au N. de l'Isle-sur-le-Doubs, Clerval et Baume-les-Dames. Le 24 janvier, toute la ligne du Doubs, moins Besançon, est en son pouvoir. Belfort, cerné de trois côtés, mais libre encore sur les routes de Pontarlier et Morteau, achève d'être investi. Manteuffel enveloppe l'armée de Bourbaki, de façon à la refouler de tous les points à la fois sur la frontière suisse.

Un horrible hiver et une incurie de l'intendance, dépassant toute mesure, précipitent le désastre de l'armée française.

Nombre de malheureux ont des membres gelés ; beaucoup d'autres périssent de faim et de lassitude. On passe des jours entiers sans vivres ; on dort sur la neige sans avoir de quoi se couvrir. Heureux ceux qui ne se réveillent plus ! Supérieure en nombre, mais énormément au-dessous pour l'organisation,

la position et l'artillerie, l'armée française
est soumise à des épreuves terribles, et son
moral se trouve achevé par la disparition
tragique de son chef poussé au désespoir.

La retraite vers le Sud se fait dans des
conditions effroyables. Un ennemi infatigable,
bien vêtu, bien nourri, poursuit sans relâche
nos soldats affamés et nus, les harcèlent nuit
et jour. On dort en marchant, on se bat
pour marcher encore en laissant derrière soi
une longue traînée de morts, de blessés, de
malades. Bien heureux les morts ! Pas de
pain, presque pas de munitions, aucun
espoir ; rien qu'un ciel de plomb, lugubre et
terne, rien qu'un immense linceuil de neige,
d'une neige qui vous aveugle. L'œil éteint
fouille désespérément l'horizon : l'ennemi est
là, toujours là, sombre, implacable comme
le destin.... Zemsta !

Le 27 janvier, nous quittons Cheneçay à 8
heures du matin et nous faisons sauter le pont
jeté sur la rivière de l'Allou. Le bataillon
manque de vivres et marche jusqu'à 6 heures et demie du soir. Il y a une telle quantité de neige que notre division, en queue de
laquelle nous nous trouvons, laisse à peine

une trace visible de son passage. Nous arrivons à Preugny. Les habitants pleurent en voyant notre détresse et notre dénuement. Ces braves gens et la sœur religieuse du village s'empressent de nous faire un peu de soupe et de nous prodiguer les soins les plus touchants.

Le **28**, nous quittons Preugny à 6 heures et demie du matin et nous arrivons à Eivillers vers 1 heure du soir, après avoir cruellement souffert du froid. Nous ne trouvons pas de vivres. Le lieutenant-colonel Horeau fait requérir du pain : il en faudrait 600 kilogr. pour que chaque homme ait une ration, mais le capitaine Renard n'en trouve que 132. Les habitants sont, en Franche-Comté, excellents pour le soldat et lui font la soupe. Notre général en chef se tire un coup de pistolet ; le général Clinchant le remplace.

Ce jour-là, Jules Favre, ministre des affaires étrangères, communique à la délégation de Bordeaux la note suivante :

« Nous signons aujourd'hui un traité avec M. le comte de Bismarck. Un armistice de **21** jours est convenu.

» Une assemblée est convoquée à Bordeaux pour le 15 février.

» Faites connaître cette nouvelle à toute la France.

» Faites exécuter l'armistice : convoquez les électeurs pour le 8 février.

» Un membre du gouvernement va partir pour Bordeaux. »

Le 29 janvier, nous quittons Eivillers à 6 heures du matin ; nous arrivons aux portes de Pontarlier vers midi, nous y restons jusqu'à 7 heures du soir en attendant une distribution de vivres. Après cela, la ville est tellement encombrée que nous avons toutes les peines du monde à nous y caser. Nous apprenons la nouvelle de l'armistice. Quelle joie ! C'est sans doute la fin de nos maux... Tout à coup la générale se met à battre aux champs. Debout ! Debout ! Les pieds rougissent la neige, les mains gercées peuvent à peine tenir le fusil. Qu'importe ! Il faut rester sous les armes jusqu'à 2 heures du matin. Les Prussiens refusent de nous accorder les bénéfices de l'armistice : c'est une nuée de vautours s'acharnant sur le cadavre de l'armée de l'Est, au mépris de tout. Quel abus de la force !..... Nous nous souviendrons.

Le lendemain, l'avant-garde allemande attaque près des villages de Sombacour et de Chaffois, à quelques kilomètres de Pontarlier, les troupes françaises entassées sur ce point et à peine protégées par de petites pièces de campagne : c'est un massacre sans danger pour l'égorgeur allemand. Les Prussiens profitent d'ailleurs du traité de Paris pour diriger forces troupes sur l'héroïque Belfort qu'ils bombardent avec rage. Ils envoient un parlementaire annoncer au brave commandant de la place la capitulation de Paris, et lui dire que la France n'a plus d'armée, plus de gouvernement.

Le 31 janvier, le régiment quitte Pontarlier vers 8 heures du matin pour prendre la direction de Lyon, vers lequel le 24e corps réussit à s'échapper; mais les voies viennent d'être coupées. Il faut se réfugier en Suisse ou périr. Et la Suisse hospitalière ouvre les bras à cette foule de malheureux en guenilles, qui va trouver sur son sol un foyer et un abri: tout y est déjà prêt en vue de notre arrivée. Honneur à la Suisse !

Le 1ᵉʳ février, notre général en chef signe la convention suivante qui nous ouvre le port.

« Entre M. le général Herzog, général en
» chef de la Confédération suisse, et M. le
» général Clinchant, général en chef de la
» première armée française, il a été fait
» les conventions suivantes :

» 1° L'armée française, demandant à
» passer sur le territoire suisse, déposera
» ses armes, équipements et munitions en y
» pénétrant.

» 2° Ces armes, équipements et munitions
» seront restitués à la France après la paix
» et après le réglement définitif des dépenses
» occasionnées à la Suisse par le séjour des
» troupes françaises.

» 3° Il en sera de même pour le matériel
» d'artillerie et ses munitions.

» 4° Les chevaux, armes et effets des offi-
» ciers seront laissés à leur disposition.

» 5° Des dispositions ultérieures seront
» prises à l'égard des chevaux de troupe.

» 6° Les voitures de vivres et de bagages,
» après avoir déposé leur contenu, retour-
» neront immédiatement en France avec
» leurs conducteurs et leurs chevaux.

» 7° Les voitures du trésor et des postes
» seront remises avec tout leur contenu à la
» Confédération helvétique qui en tiendra
» compte lors du réglement des dépenses.

» 8° L'exécution de ces dispositions aura
» lieu en présence d'officiers français et suis-
» ses désignés à cet effet.

» 9° La Confédération se réserve la dési-
» gnation des lieux d'internement pour les
» officiers et pour la troupe.

» 10° Il appartient au Conseil fédéral d'in-
» diquer les prescriptions de détail destinées
» à compléter la présente convention. »

» Fait en triple expédition aux Verrières,
le 1er février 1871.

» Clinchant. — Hans Herzog, général. »

Nous sommes sauvés. Sauvés !... Ah ! les
Prussiens sont-ils capables de respecter
quelque chose ? Ce n'est plus la guerre qu'ils
font, c'est un brigandage organisé. Ils tuent
pour tuer encore ; ils pratiquent l'assassinat
sur une vaste échelle, et se baignent dans le
sang avec une froide volupté... Zemsta !

Tandis que l'armée française de l'Est, à
la faveur d'une convention *régulièrement*

conclue entre le général Clinchant et le général Herzog, convention *régulièrement* communiquée et notifiée au général de Manteuffel, passe sur le territoire suisse, les Prussiens mitraillent nos soldats par derrière et tirent *dans le tas*, sur des hommes qui ne peuvent se défendre. O Dieu !

« L'aspect de cette boucherie, dit la dépê-
» che de Berne qui rend compte du fait,
» est horrible. Pontarlier est plein de
» morts !... »

Le général Billot est chargé par Clinchant de couvrir la retraite avec le 18e corps et la réserve. Ils se battent vaillamment à la Cluze et à Oyé, près du fort de Joux, et repoussent deux attaques furieuses de l'ennemi. Le manque de vivres et de munitions, joint à l'ensemble du mouvement prescrit, en raison de la situation anormale et monstrueuse qui nous est faite par l'armistice, obligent le général Billot à rentrer à son tour en Suisse....

. . . .

Ces temps sont déjà loin. Il semble que l'on a fait je ne sais quel rêve épouvantable. C'est bien. Tout cœur français garde le souvenir du passé : il faut une revanche par le

progrès viril, par la régénération morale. Et
nous, les Lapins-Bleus de St-Gervais, rappe-
lons-nous ce seul mot — Zemsta ! — désormais tracé en lettres de sang sur les corps
de nos frères assassinés à Pontarlier.

Cela veut dire :

Vengeance !

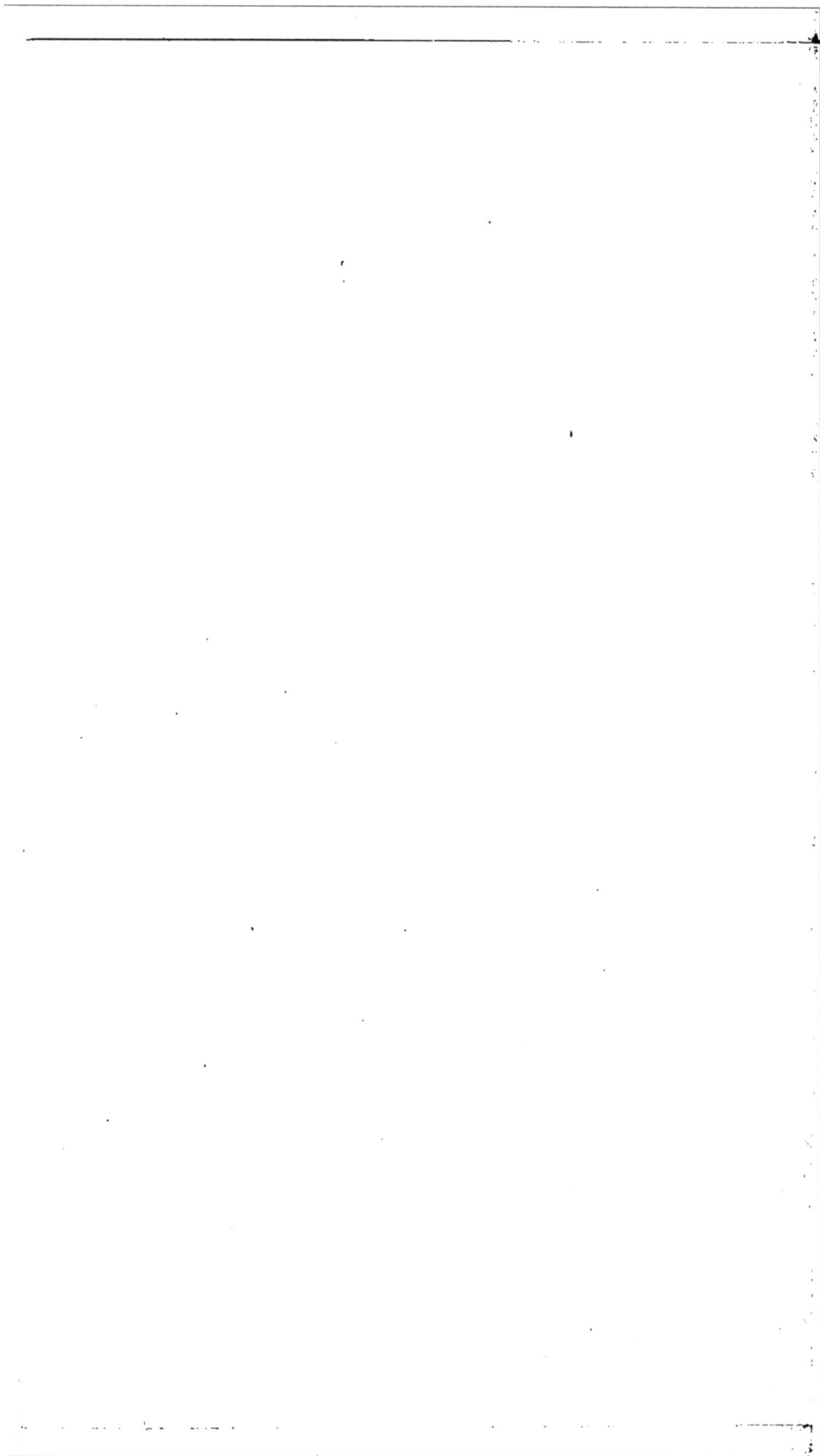

TABLEAU DES OFFICIERS DU 4ᵉ BATAILLON DU 32ᵉ RÉGIMENT DE MOBILE

A SON DÉPART POUR VIERZON.

M. de Molen ✳, chef de bataillon, nommé le 6 août 1870.

M. Aguillon, aide-major, nommé le 5 septembre 1870. — M. l'A. Chassaigne, aumônier, venu le 8 octobre 1870.

Nᵒˢ D'ORDRE des Ciᵉˢ	CANTONS	CAPITAINES	DATE de la NOMINATION	LIEUTENANTS	DATE de la NOMINATION	S.-LIEUTENANTS	DATE de la NOMINATION
		MM.		MM.		MM.	
1.	Combronde-Menat.	Gouttenoire, Émile ✳.	12 août 1870.	Mandet, Alfred.	10 août 1870	Bresclard, Auguste.	10 août 1870.
2.	Manzat.	Renard, Constant-Joseph.	13 »	De Goy, Amédée ✳.	10 »	Croisier, Michel-J.-B.	14 sept. 1870.
3.	Montaigut.	Grosliers, Jean ✳.	15 »	Welter, Amédée.	10 »	De Lanzane, Edgard.	10 août 1870.
4.	Pionsat.	De Champrobert, Pierre ✳.	18 »	Toultée, Gabriel.	10 »	Gerbo, Joseph ✳.	10 » »
5.	Pontaumur.	Magal, Jean.	19 »	De Lagaye de Lauteuil.	10 »	Peydière, François-Henri.	14 sept. 1870.
6.	Pontgibaud.	Simon, Charles.	25 »	De Peyramont, Georges	10 »	De Parades, Pierre-Julien.	10 août 1870.
7.	Riom. — S.-O.	Girall, Félix.	10 »	Hébrard, Henri.	10 »	Malbet, Étienne ✳.	10 » »
8.	Saint-Gervais.	Biélawski, Jean-Maurice ✳.	5 sept. 1870.	Parry, Charles-S. ✳.	5 sept. 1870	Arnaud, Albert.	5 sept. 1870.

TABLE DES MATIÈRES.

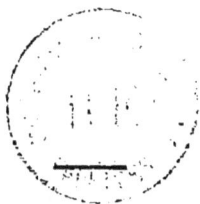

Clermont-Fd, imp. Armand Pestel, rue de la Treille, 14.